孤独であるためのレッスン

諸富祥彦 *Yoshihiko Morotomi*

NHK BOOKS
[927]

NHK出版

Printed in Japan
［協力］青藍社
［製図］ノムラ

目次

第二章

孤独であるための八つの条件——87

第一の条件——「わかり合えない人とは、わかり合えないままでいい」と認める勇気を持て。

第二の条件——あなたが、人間関係について暗に抱いている「歪んだ思い込みやこだわり」に気づけ。

第三の条件——自分の人生で「ほんとうに大切な何か」「どうしても、大切にしたい何か」を見つけること。

第四の条件——「自分は間もなく死ぬ」という厳然たる事実をしっかり見つめよ。絶えず、死の地点から、人生を捕らえる視点を持て。

第五の条件——自分だけの「たった一つの人生という作品」をどうつくるか、絶えず構想しながら生きよ。そのための想像力を駆使せよ。

第六の条件——さまざまなソーシャルスキルを身につけよ。とりわけ、他人の話を聴く力、他人を認める技術は必要。

第七の条件——ほんの一人～二人でいい。「この人だけは、私を見捨てない。どこかで見守ってくれている」。そう思える人を見つけておくこと。

第八の条件——自分だけは、自分の味方であれ。そのために、「自分を超えた地点から自分を見守るまなざし」を自分の中に育てよ。

第三章　孤独の中の四つの出会い――125

第六章　自分を生きること、運命を生きること――239

プロローグ　孤独は、現代をタフに、しなやかに生きるための〝能力〟である

ひとりになる勇気

本書で私は、孤独について次のような考え方を提示しています。

孤独は、決して、避けるべき否定的なものなどではない。
孤独は、現代をタフに、しなやかに、かつクリエイティブに生きていくために不可欠の〝積極的な能力〟である。これからの困難な時代を、幸福に生きるために、現代人がトレーニングしてでも身につけるべき新たな〝能力〟である。

「えっ、孤独が現代人に必要な〝能力〟だって!?」といぶかしがる方もいるかもしれません。もともと、人間関係の調和を重んじるこの日本では、孤独な人はあまり好まれません。昨今、人間関係を持てない孤独な若者が数々の事件を起こしていくにつれて、孤独に対する風当たりは、ますます強くなっていくように感じます。

けれど私は、こう言いたいと思います。

「そうなのです。既に成熟社会を迎えた、否、成熟した大人の社会になることが必須の課題となるこれからの日本では、〝速さ〟（効率）や〝多さ〟（量）といった水平的な尺度に価値が置かれてきたこれまでと異なり、〝深さ〟という垂直次元の尺度に価値が置かれるようになってくる。そんな時代をタフにしなやかに生き抜いていくために最も必要な能力こそ、孤独になる能力、孤独になって自分の心と対話し、想像力を駆使してものごとを多様に構想することができる〝能力〟なのです」と。

では、孤独はどんな意味で〝能力〟たりうるというのでしょうか。まず、次のような人の場合を想定して考えてみましょう。

「どうして、こんな人とかかわらなくてはいけないんだろう……」

そんなことをブツブツとつぶやきながら、何とかやりすごす毎日。わずらわしい人間関係に惑わされて、心がクタクタになってしまっている。

いっそのこと、すべてを投げ出してしまえれば、どんなに楽だろう。

そんなことを思いながら、しかし同時に、仲間の輪から外されるのがこわい。

孤立して、冷たい視線を浴びせられるのは、つらい。

だから今日もまた、しぶしぶと、仲間の輪に戻っていってしまう。

心のつぶやきや、いらだちを押さえ込みながら……。

そんなふうにして、人間関係のしがらみに捕らわれて心が疲れきってしまっている人が、この国には、何と多いことか！

「この人生で、人間関係ほど、わずらわしいものはない」。そんな思いを募らせている人は、案外多いのではないでしょうか。

自分でもそんなことは、つまらない、ささいなことだということはわかっている。けれど気がつくと、いつの間にか、その「つまらない、ささいなこと」のために、多大なエネルギーを消耗し、いらいらして、友だちや家族に当たってしまっている。仕事の中身より、人間関係のほうが気になっていたりもする。

私のことだ、と思われた方、決して少なくないのではないでしょうか。

また、そこまでではなくても、忙しい毎日のちょっとした隙間に、「あぁ、ひとりでボーッとする時間がほしい」「ひとりになって、あれこれ思いめぐらせたりできる、ゆったりした時間がほしい」と思っている方は、きわめて多いと思われます。

こんな現実を目の当たりにするにつれ、私は、次のことを改めて確認するのです。

このわずらわしい現代社会で、タフに、しなやかに、そしてイキイキと生きていくためにまず何よりも必要なこと。

それは、「いざとなれば、ひとりになってもかまわない」と思える、勇気と覚悟。「こんな面倒臭い人間関係に気を使って、エネルギーを消耗してしまうくらいなら誰からも理解されなくてもいい。わかってもらえなくてもかまわない。もしもその結果、人から嫌われ、見放され、孤立して、ひとりになってしまったってかまわない。〝自分〟を見失うよりは、ずっといい」

そう思える、ほんのちょっとの、覚悟と勇気なのです。

それさえあれば、確実に、人生で大切な何かが変わり始めます。

逆に、それがなくては、何も始まらない。

つまり、〝ひとりになる勇気〟〝孤独への勇気〟こそ、あなたの人生をほんとうに変えるための、どうしても必要な第一歩。スタートライン。

すべてはそこから始まるのです。

忙しい日本の私

ただ、私のような特異体質の人間に限って言えば、それだけではとても足りません。

私は、一切の雑多なことを忘れて、自分の心の奥へ奥へと、深く深く沈潜していく時間が一日の半分くらい確保できないと、次第にストレスが蓄積してきて、無性にイライラし始めてしまう性質《たち》なのです。文科系の学者や物書きや哲学者にはこういったタイプの人間（私はそういった人たちを〝魂が欲張りな人〟と呼んでいます）が少なからずおり、私自身もその手のタイプの人間です。私のような人間にとって、孤独でいる時間、ひとりになって自分の中へ中へと入っていく時間は、何よりも必要なものの一つです。そんな時間をあまり持てないと、妙な不全感が生じてきて、時には、ひどいうつ状態に陥ってしまうのです。

そんな私から見ると、今、流行《はや》り（あくまでも、一時的な流行りであってほしい、というのが、私の願いです）のEメールでのやりとりは、簡単にやりとりできるがために、ただでさえ貴重な時間をさらにむしりとる憎きもの。私は、研究室の電話も一切取らず、連絡はファックスのみ、を原則としていますが、それもまた、少しでもひとりになって深く感じる時間、考える時間を確保したいがためなのです。そうでもしないと人生の時間の大半が、連絡やら何やら、雑用の片づけのためだけに浪費されていってしまうからです（同じ理由で、年賀状も大嫌いです）。

私のような、わがままな人間はそれができるからまだいいとしても、大学の教員で、性格温厚、人づきあいを大切にするタイプなら、研究している時間より雑用に取られる時間のほうが多いという方は、決して少なくないはずです。まったくもう！　いやになる！　と一日に一度くらいは叫んだほうが精神衛生上、いいはずだと思われる人が、私のまわりにもたくさんいます。

現代はまさに、互いが互いに忙しくし合い、貴重な時間を奪い合っている時代。その意味で、ほんとうに自分のためだけに使える時間を確保することが、あまりに難しくなってしまった時代であると言えるでしょう。

そして、こんな時代だからこそ「充実したひとり」の時間をすごすことは、ますます大切になってきています。

たしか、JRのコマーシャルだったでしょうか。「何もしない、をしよう。自分に戻る列車の旅。のんびり小町」といったコピーがあって、なるほどうまいところを突いているなぁ、とうならされました。「何もしないこと」を意識的に「する」ことが、「自分に戻るため」に必要だ、という論理が実にうまくコピーに組み込まれていたからですが、こんなストレートな癒し系の商品が目玉商品として売り出されるほどに、「日本人はお互いに忙しすぎて、だからみんな疲れきっている」というのが、既に明白な共通認識になってしまっているのでしょう。

けれど、実際にひとりの時間がつくれたとしても、あれをしたい、これもしよう、などと思っているうちに、時間ばかりがすぎていくもの。心身の癒しやストレス解消にもなり、できれば、その後の人生も少し変わり始めるような大切な刺激を得ることのできる「充実したひとり」「しっとりとした孤独」の時間をすごすことは、なかなかできないものです。

この本は、そんなあなたのための〝孤独になるためのレッスン〟。
強い心を持ち、この困難な人生をタフに、しなやかに生きるための技術を記した本です。

孤独の価値のリ・ビジョニング(見直し)
孤独であるためのレッスン。
〝ひとり〟でいるためのレッスン。

しかし、この世の中で、実際に〝ひとり〟でいようとすると、世間の風当たりがなかなか強いのが、現実。

生涯独身で生きる女性やシングル・マザー。

不登校、ひきこもりの若者。

三〇歳をすぎたフリーターや、いわゆるパラサイト・シングル。

こうした人への世間の批判や風当たりはますます強くなるばかりですし、職場や学校でも、単独行動が多いと、すぐに〝あいつはわがまま〟とか〝変わってる〟とささやかれがちです。昨今の少年事件の続発、とりわけ京都の小学生殺害事件、新潟の少女監禁事件の犯人が、いずれも孤独でひきこもりがちな若者であったことが判明したころから、人間関係を持てず、社会と交われない孤独な若者は「あぶないヤツ」と危険視する風潮が高まってきたようです。

しかし、ほんとうに、孤独な人、ひとりでいる人は危険であったり、無価値であったりするのでしょうか。

むしろ、そのような目で彼ら彼女らを見る世間の〝まなざし〟のほうが、よほど問題なのではないでしょうか。

彼ら彼女らの多くは、ひとりでいるという事実よりむしろ、「あいつはひとりだ」「ひとりでいる変なヤツだ」と周囲や世間から思われているまなざしを気にかけ、自分で自分を追い詰めているからです。

私は、〝ひとり〟でいる人間、〝孤独〟な人間に対する日本人のそうした冷淡なまなざしこそが(そして彼ら自身もそれに捕らわれていることが)、彼らの劣等感を刺激し、自己否定感を募らせ、ますます社会から遠ざけてしまっているものの正体だと思います。

もし彼らが、自分の孤独を、ひとりでいることを肯定的に受け止め、ひとりのままで人生をエンジョイできたとしたら、どうでしょう。

必要以上にひきこもったり、自分を追い詰めることはないのではないでしょうか。

私はむしろ、〝ひとり〟でいられないこと、〝孤独〟でいられないことこそ、私たち日本人の多くを不自由にし、がんじがらめにしている悩みの元凶である、〝ひとり〟になり〝孤独〟になることを引き受けることからしか、私たち日本人の新しい生き方は開けてこない、と考えています。

生涯独身、シングル・マザーも超ＯＫ！

パラサイト、ひきこもりに自信を持て！

孤独であること、〝ひとり〟でいるためのレッスンを説くこの本は、したがって、これらの現象の価値を捕らえ直す(リ・ビジョニング)ことを意図しています。

つまり、孤独であること、〝ひとり〟でいることの価値を、世間一般の常識とは、少しずらした観点から見てみる。異なる角度から、捕らえ直してみる。

それによって、孤独であること、〝ひとり〟でいることがこの人生において持つ、ほんとうの意味や価値を、もう一度、見直してみようとするのです。

自己変容に至る入口

この本を私は、特に次のような方に読んでいただきたい、と思っています。

・いつもまわりに合わせて生きてきて、〝自分〟というものを意識することがあまりない。
・他人の視線や評価が気になるから、〝自分〟を出すことが苦手だ。
・〝自分〟がわからなくなることがある。〝自分〟がほんとうにしたいことは何か。それは、果たして〝自分〟がしたいことなのか、他の人の要求に合わせているだけなのか。自分でも、わからなくなることがある。
・〝ひとり〟になるのがこわいから、いつも誰か仲間の中にいる。
・いつも友だちや仲間に囲まれて生きてきて、〝ひとり〟になったことがない。だから〝ひとり〟になる人の気持ちもわからないし、〝ひとり〟になるなんて考えられない。

こんな方々には、本書との出会いを通して、他者とのつながりをいったん断ち切り、〝ひとり〟になるきっかけをつかんでほしい、と思います。

仕事、仕事と追いやられて、いつの間にか〝自分〟を見失ってしまっている方が、この国には、ほんとうに多いと思います。

そんなとき、思い切って関係を断ち、〝ひとり〟になり孤独になることを覚えると、本来の自分自身に戻れていくのを実感することでしょう。
自分のこころの声にじっくりと耳を傾けることを覚えるでしょう。
また私は、次のような方にも、この本をぜひ読んでいただきたいと思います。

・いつもひとりでいることが多い。仲間にうまくなじめない。
・自分は人と違う。何か劣っているのでは、と思ってしまい、自信がない。
・ずっとフリーターで生きている。どこにも所属していない自分を、世間は変な人間のように思っているに違いない。
・三〇歳をすぎても結婚する気になれない。けれど親や周囲の人の視線が気になる。
・結婚はせず、子どもを産んで、シングル・マザーとして育てているが、世間の冷たい視線や無理解を感じる。
・今、不登校とか、出勤拒否の状態になっている。そんな自分を責めてしまう。
・しばらく家にひきこもっていて、こんな自分は世間から冷たい目で見られている、と感じてしまう。

つまり、既に、というか、そうしたくはないのに、いつの間にか〝ひとり〟になってしまった、孤独な状態に追いやられてしまった、そしてそんな自分を自分で責めてしまっている、という状態の方々です。

こんな方の多くは、自分は世界の中心から遠い周辺に追いやられている、世間からも変だと思われているし、自分でもそうかもしれないと思って気にしています。

そのために、せっかく〝ひとり〟でいるのに、それを深められない。深い自己変容の体験へとつなげることができずに、自分を責めてばかりいるのです。

こうした方には、ぜひ、この本をきっかけに〝ひとり〟〝孤独〟への見方、視点を変えてみることを学ばれてはどうかと思います。

〝ひとり〟でいること、〝孤独〟であることは、今、申し上げたように、深い自己変容に至る入口となるからです。

真の〝つながり〟に開かれる

〝ひとり〟でいることを決意した人間、〝孤独〟であることを引き受けた人間には、新たな人生が開けてきます。

私のカウンセリングの経験からいっても、また、私自身の経験からしても、〝ひとり〟でいる決意をした人間の人生は、大きく変化していきます。

それまで、人目を気にし、自分をがんじがらめにし、追い詰めていた人が、〝ひとり〟でいる決意をしたときから、のびのびと、自分らしい人生を生きることができてきます。

それはまるで、この世には、〝ひとり〟でいることのできる人間と、〝ひとり〟でいることのできない人間、その二通りの人間しかいない、とさえ言いたくなるほどです。

それほど、その前後で、人生が大きく変わってくるのです。

〝ひとり〟のどこがいいんだ。〝孤独〟ほどみじめなことはないじゃないか、と思われた方もいるかもしれません。

しかし、そうではありません。

〝ひとり〟でいることのできない人の人間関係は、たいへん不自由なものです。絶えず他人の視線を気にし、他人と自分を比較し、評価し続ける、がんじがらめの人間関係です。人間関係の〝評価〟や〝しがらみ〟に捕らわれた生き方、と言ってもいいでしょう。

一方、〝ひとり〟でいることのできる人の人間関係は、とても自由で、柔軟で、開かれたものです。他人の視線はあまり気になりませんし、他人と自分を比較したり、評価し続けたりすることもありません。他者とのほんとうの〝つながり〟に開かれた生き方だと言ってもいいでしょう。

そうです。私たちはまず、〝ひとり〟でいる決意をしなくては、真の人間関係に、真の〝つながり〟に開かれることもできません。

〝ひとり〟でいる決意をし、自分の孤独を深めることができた人にだけ、他者との真の出会いも可能になるのです。

本書では、私自身の体験や、カウンセリングの実践事例を踏まえて、〝ひとり〟であることを引き受けた人間に、どのような人生が開かれてくるのか、そのことを示していきたい、と思っています。

残念ながら今の日本には、真の孤独、充実した孤独を生きることができる人間がきわめて少ないのが、実情です。

雄々しく、やさしく、しなやかに孤独を享受できる日本人。

本書が、そんな日本人が生まれてくるための小さなきっかけにでもなれば、幸いです。

〈謝辞〉　國分康孝先生、久子先生御夫妻、松原達哉先生、友田不二男先生をはじめとするカウンセリング関係の先生方、近田輝行さんらフォーカシング関係の方々、藤見幸雄さんらトランスパーソナル心理学関係の方々、末武康弘さん、カウンセリングで出会ったクライエントの方々、母・七江、妻・真奈美と四歳三ケ月になった娘の友希、編集の労を取ってくださったＮＨＫ出版の辻一三さん、日方麻理子さんに心より感謝申し上げます。

第一章　孤独は悪か

1　孤独であることのリ・ビジョニング（見直し）

あるシンポジウムで

あるカウンセリング関係の学会のシンポジウムでのこと。

話題は、学校教育のこれからや、ここのところ続発している少年犯罪のこと、子どもたちの心の荒れの問題などに及んでいきました。

その中で、たしか、不登校やいじめ、学級崩壊などの問題とのかかわりでだったでしょうか、「今の子どもたちは社会性が育まれていない。人間関係の力が身についていない。これを育てることが急務である」といった指摘がなされました。

既に多くの人が繰り返し、指摘したことで、まさにその通り。

こうした問題の解決のため、多くの学校では、今、子どもたちの社会性や人間関係を育むための心理学的プログラムが開発され、実施され始めています。私自身も、その推進役を務めてきたひとりです。

ですから、先の発言には何の異論もない……はずでした。

しかし、既にどこかで、何度も聞いたような内容を聞かされたからでしょうか。あるいは、多少疲れ気味だったからでしょうか。指定討論者として壇上にあがっていた私の意識はボーッとし始め、なぜか、ふと、最近カウンセリングをしたある中学生の女の子のことを思い出していました。


これ以上、教室にいると、刺してしまいそうです

授業と授業の合間の短い休み時間、カウンセリングルームを訪れた彼女は、こうもらすのでした。

「先生、私、これ以上教室の中にいると、多分、友だちのこと、刺しちゃうと思う……。もう、限界です……」

「何かきっかけがあったの?」とたずねる私。

クラスの友だちに比べて、たしかに少し大人っぽい雰囲気の彼女。

いつも、周囲の友だちに合わせるのがたいへんで、それでもグッと我慢して、自分を抑え、楽しくもない会話に楽しいふりをして、へらへら笑ってつきあってきた。

「何なんだよ、コイツラ。こんな話して、どこが面白いんだよ」

そんな心のつぶやきを押し隠しながら、へらへらした笑顔をつくって、周囲に溶け込もうとしてきた、と言うのです。

「教室で、いづらい雰囲気になったら、あとがたいへんだから。ひとりぽっちになって孤立して、悪口ささやかれるのもいやだし」

でももう、それも限界。これ以上我慢していると、自分でも自分のことがワケわかんなくなって、友だちのこと、刺してしまいそう。

「今日は、朝から頭の中がガンガン、ガンガン、痛みが走ってるんです」

今、多くの学校では、この子のように、「教室の中にいるだけで、頭おかしくなりそう。吐き気がする」と訴える子どもたちが続出しています。

保健室やカウンセリングルームがそんな子どもたちの避難所になっています。

あるいは、私たちカウンセラーや養護教諭（保健室の先生）の存在そのものが、子どもたちの心の避難所になっている、と言っていいかもしれません。

孤独でいる能力を育てよ

いずれにせよ、シンポジウムの席で、私はこの女の子のことを思い出していました。そして、その子の立場に立って、シンポジストの発言を聞いていると、「とんでもない」という言葉が自分の内側から聞こえてきたのです。

「どうしてそんなに社会性とか、人間関係が大切なんだよ。周囲の人に自分を合わせるのが、なぜそんなに大切なんだ。私はいい加減、窒息しそうだ。もう、放っといてくれ‼」

私の心の中の彼女は、そんなふうに叫んでいたのです。

この子に必要なのは、何だろう。気の合わない友だちとでもうまく関係を調整していける、いい意味での鈍感さだろうか。

いや、この子に（そして、この子だけでなく、多くの中学生、高校生に）必要なのはむしろ、無理に人間関係を持とうとしない姿勢、ひとりでいられるだけの強さではないか。

そんな思いをめぐらしていたところに、私の出番が回ってきたため、私は少し挑発的にこう言いました。

「今の子どもたちに社会性を育成しなくてはいけない、人間関係を育てることが必要だ、とよく言われます。たしかに私もそう思いますし、だからこそ、私も、グループエンカウンターとか、ソーシャルスキルトレーニングといった、心理学にベースを置いた社会性育成、人間関係育成のプログラムを学校に普及させようとしてきました。

しかし、同時に私はこうも思うのです。社会性が必要だ、人間関係が必要だ、という言葉は、あくまで大人の側の言葉であって、その意味では正しいのですが、当の子どもたちにとっては、きわめて脅迫的に感じられるのではないでしょうか。ある意味では、とても迷惑に感じられることもあるのではないでしょうか。

今の中学、高校の子どもたちの人間関係、特に女子のいびつな人間関係を見ていると、彼女たちに必要なのはむしろ、無理に友だちの輪に入っていなくてもすむ力、たとえ教室でひとりでいても自分を責めたり、過剰に気にしたりせずにすむ力ではないでしょうか。

つまり、〝孤独でいることのできる力〟をこそ育むべきではないでしょうか。

彼女たちを追い詰めているのは、現実にひとりでいるということ以上に、〝あいつはひとりだ〟〝友だちがいない〟という周囲の目であり、そして、〝ひとりでいることは恐ろしいことだ〟〝友だちができない人は、変な人、みじめな人だ〟という彼女たち自身のうちなる考え方そのものです。

つまり、ひとりでいること、孤独でいることを否定的に見るものの見方そのものが、子どもたちを無理な人間関係に追い込んでストレスを溜め込ませているのです。

不登校やひきこもりの子が自分を追い詰め、ますます家にひきこもってしまうのも、彼ら彼女ら自身の、ひとりでいること、孤独でいることについての否定的なものの見方そのものによって、自分で自分を追い込んでしまっている面が強いのではないでしょうか。

そして、子どもたちが、ひとりでいること、孤独でいることを否定的に見るようになっているのは、私たち大人、親や教師が、友だちをつくること、周囲とうまくやることに過剰に価値を置き、ひとりでいること、孤独でいることをきわめて否定的に見ているからではないでしょうか。

その意味では、とにかく社会性が大事、人間関係が大事、というよくなされる議論には世間のそうした見方をさらに強化し、〝ひとりでいること、孤独でいることはみじめで、かつ恐ろしいことだ〟という強迫観念をますます子どもたちに植え付け、結果的に彼ら彼女らをさらに追い込んでしまう危険をはらんでいるように思います」

もう何年も前のことですから自分の発言内容をハッキリとは覚えていませんが、近隣の中学校でスクールカウンセラーをしている体験を踏まえて、私は、おおよそ、そのように発言したのです。

孤独は悪か

もちろん、ここで言ったことは、学校やその中で暮らす子どもたちだけに当てはまることではありません。

私たち大人自身も、職場で、趣味のサークルで、学会や研究会で、同じような立場に追い込まれてしまうことがしばしばあります。ただ、子どもたちのほうが、そこで溜まったストレスをうまく処理できるだけの心の強さがまだ育っていない、という違いがあるだけのことです。

しかし、残念ながら、私の意図はうまく伝わらなかったようです。

フロアからは、たしか五〇代半ばくらいの男性からだったと思いますが、こんな反論がなされました。

「孤独が大切なんて、とんでもない。あの発言だけは、聞き逃せない。許せない。凶悪犯罪を犯している多くの少年たちは、みんな孤独で、それがゆえに苦しんでいたのに。あの発言は撤回していただきたい」

いや、あの〜、だから〜……私が言ったのは、あなたみたいに「孤独はとんでもない」と思い込んでいる世間のまなざしこそが、「孤独である俺はとんでもなく、みじめだ」という思いを彼ら彼女らの中で増幅させ強化させ、彼ら彼女らを自己否定へと追い込んでいるものの正体だ、と言ったのですけれど……。

その後、シンポジウムがたしか時間切れになって、終了したと記憶しています。

私は、フロアからなされたこの男性の先の発言に、孤独に対する世間の見方が色濃く反映されているように思いました。

そのような世間のものの見方はもちろん、子どもたちに人間関係を強要する圧力に限らず、さまざまなものの見方、考え方に通じるものがあります。

たとえば、次のようなものの見方です。


「ずっと独身のままの女性は、どこか、おかしなところがあるに違いない」

「三〇歳をすぎても、フリーターでぶらぶらしている人間は、まともな人間ではない」

「会社に就職し、結婚し、子どもを育てて、はじめて一人前」

「いつまでも親と同居してるなんて、マザコンなんじゃない？」

「職場で同僚と仲良くやれない人は、社会人として欠陥がある」

「マイペースでしか仕事をできない人は、わがままで、どうしようもない」

「友だちがいない人間は、人間として値打ちが低い」

つまり、一言で言うと、世間は「孤独を許さない。認めない」のです。

生涯独身、パラサイト・シングル、不登校、ひきこもり、オタク……こうした「ひとり」「孤独」をめぐる諸現象の価値を低くしておきたくて仕方ないのです。

私は、こうしたヒステリックなものの見方の背後に、孤独な人に対する彼らの不安、恐怖を見て取ります。「みんなと仲良く」「周囲と調和」を何より大事にしてきた彼ら彼女らにとって、「孤独を好む人」「ひとりでいても平気な人」は、まるで異邦人。不気味な〝他者〟にほかならないのです。秩序を乱す、ストレンジャーなのです。

しかし、先にあげた世間のものの見方が、どれほど人を追い込んできたか。

そして、その人が気が弱かったり神経質だったりすると、世間のこうしたものの見方をそのまま自分の中に取り入れて、自分自身の心の声とし、それで自分を責め続ける。その結果、ますます追い込まれていくのです。

私は、ひとりでいること、孤独であることに対する世間のこうしたものの見方を少しでも覆したい。だから、この本を書いているのです。

そして、ひとりでいること、孤独でいられることを、これからの複雑な社会をタフに創造的に生き抜いていくための、新たな時代の〝能力〟として提唱したいのです。

つまり、ひとりでいること、孤独であることに対するものの見方を根本的に覆す、ひっくり返す。これが本書のねらいで、こうした作業を、心理学ではリ・ビジョニング（revisioning）と言います。

リ・ビジョニング（観点変更）

ここで、孤独の問題からは少し脱線しますが、これからの心理学、ないしはより広くさまざまな思想が、現実の社会、またそれを構成する一人ひとりのものの見方に影響を与えうるものとなるための有効な方法論として、このリ・ビジョニングについて少し紹介しておきたいと思います。

リ・ビジョニング。世の中のさまざまな出来事に対するものの見方、感じ方の根本的な見直し。それは、あるものを別の角度から眺めると、それがいかに違って見えてくるか、いかに異なって感じられてくるかを、まざまざと実感させてくれる方法論です。

ユング心理学のユングらしいところをさらに徹底化させて、ついにユング心理学の枠を越え出てしまった元型的心理学の提唱者、ジェイムズ・ヒルマン博士が、こうした作業に取り組む心理学者の代表的な人物です。

ヒルマン博士は、これまで、心理学そのものの根本的な見直し（リ・ビジョニング）を行うと共に、現代人が抱くさまざまな通念を覆す話題作を次々と発表してきました。数年前全米ベストセラーナンバーワンとなった『魂のコード』（鏡リュウジ訳、河出書房新社）では、「人の性格は環境や遺伝子、生育史などによって決まる」と考える因果論的なものの見方を根本から批判しました。小さなドングリがカシの木になるように、それぞれの魂は決まった開花の仕方を、すなわち運命を生まれたときから刻み込まれている、という刺激的な見解を提示して、近代合理主義の中で失われていった〝運命の感覚〟の復権を唱えたのです。

〝運命の感覚〟などと言うと、決定論、運命論で、人間の努力より運に任せる無責任な生き方を連想される方がいるかもしれませんが、そうではありません。

むしろ、自分の性格やものの感じ方、生き方を、生まれ持った遺伝や、幼いころからの家族の影響のせいにしてしまう因果論的なものの見方（私は、こんな育てられ方をしたのだから、こんなふうな人生しか送れなくなってしまったというものの見方）のほうが、よほど決定論的で、責任を転嫁する考え方です。

これに対して、〝運命の感覚〟に開かれた生き方、考え方とは、たしかに人は遺伝や家族環境、生育史などによっても強く影響されて生きるけれども、決してそれによって決定され尽くされてはいない。むしろ、どこからかささやきかけてくるような〝運命の呼び声〟〝運命のささやき〟に心を開き、耳を傾け、その声を聴きつつ生きていくことによって、その人にしか生きることのできないたった一つの人生という作品を完成していくことができる、と考える開かれた生き方、感じ方のことです。

現代におけるリ・ビジョニングの必要性

ヒルマン博士は、こうして「人の性格は氏と育ちによって決まる」といった、私たちの心にしみついた日常的なものの見方を根本から疑い、異なる角度から見直す（リ・ビジョン）、という作業に取り組むのですが、こうした思考方法、方法論が、現代社会のさまざまな凝り固まったものの見方をほぐしていくのに実に有効であり、また必要である、と私は考えています。

現代における社会変革、世界の変革は、ある特定のイデオロギーを唱えたり、別のイデオロギーに声高に反対することによってなしとげられるものだとは、私には思えません。

「〜に反対！」と叫べば叫ぶほど、敵とみなされたその何かは、よりタフになって生き延びていくのが常ですから、イデオロギー闘争は社会変革、世界変革の方法として戦略的にもうまくないのです。

現代における社会変革、世界の変革は、そうではなく、これまで支配的だったものの見方とは、根本的に異なるものの見方の提示（リ・ビジョニング）がなされ、そのものの見方が多くの人々に〝納得の感覚〟をもたらすことによってなしとげられる。そのとき、古いものの見方は、（反対されたり破壊されたりするのではなく）その古さによって、いつの間にか〝溶けてなくなっていく、消えていく〟のだと思います。

このように、現代における凝り固まったものの見方、それによって人々の生き方や可能性を狭めているものの見方を取り上げ、それをリ・ビジョニングすることによって〝納得の感覚〟をもたらし、現代人の集合的な意識変容（ひいては社会や世界の変容）を展開させていくことが、私自身のライフワークです。本書では、その作業の一貫として、孤独であること、ひとりでいることのリ・

ビジョニングをしようとしているのです。

それは、生涯独身でいることを選ぶ人、パラサイト・シングルを選ぶ人、フリーターとして自由な生き方を選ぶ人、不登校の子ども、ひきこもりの若者たち、と、孤独やひとりでいることを選ぶ人々が急増しているにもかかわらず、こうした現象に対する世の中のものの見方が相変わらず無理解で冷淡であり、世の中のそうしたものの見方、及び、彼ら自身のうちに内在化されたそうしたものの見方が彼ら自身を追い詰め、自己否定的になってしまっているからです。

また、先にも述べたように、この現象に対するリ・ビジョニングの作業によって、孤独でいること、ひとりでいることの価値を見直し、この能力を身につけることが、モノの時代から心の時代へのこの転換期の世の中を、豊かに、また、タフに生き抜いていくために不可欠である、と思えるからです。

さて、いよいよ、ここからが本論です。

次節では、ひとりでいること、孤独であることに対する世間の偏見や蔑視によって、最も割を食い傷ついている人々、すなわち、生涯独身を選ぶ男女、いや、別に独身を選んだわけではないけれど、とりあえず三〇歳をすぎて独身でいる男女、離婚する男女、パラサイト・シングルと呼ばれる若者たち、フリーターの若者たち、不登校の子どもやひきこもりの若者たち、といった問題を取り上げて、一つひとつの現象をリ・ビジョニングしていきます。

2　ひとりじゃ悪いか

「先生、どうして、ひとりじゃだめなんですか……」

ひとりでいることに後ろめたさを感じる。否、正確に言うと、ひとりでいるところをまわりの人に察知されるそのまなざしに脅威を感じる。

そんな若者が増えている、と指摘しました。

今の若者たちにとって、「あいつ、ひとりでいる。友だちいないんじゃないか……」と思われることほど、みじめで、つらいものはないのです。

顔が悪いとか、成績が悪い、運動神経がまったくない……人間にとって欠点はたくさんあります。しかし、その中で、今の若者たちにとって一番つらいのは、「あいつ、友だちいないんじゃないか」と思われること。

頭が悪いと思われるより、運動神経がないと思われるより、容姿が悪いと思われるより、「友だちができないやつ」と思われることほど、みじめでつらいことはない。

いまや、「友だちがいるか、いないか」は、若者たちにとって、人間診断の最もシビアな基準となっているのです。

そしてやっかいなことに、当の、ひとりぼっちの人間も、このことを知っている。〝うちなる物差し〟として、この基準を持っている。

だから、その物差しによって自分で自分を責め始める。自分で自分を追い詰め始める……。完全な自己否定の悪循環に陥ってしまうのです。

学校ばかりではありません。

会社、特に若いOLのあいだの人間関係も、かなりいびつなものがあるようです。

先日、テレビを見ていると、ランチメイト症候群と言い、お昼をいっしょに食べる相手がいないOLがうつやノイローゼになったり、出社拒否状態に陥りやすい、といったニュースを目にしました。

スクールカウンセラーをしながら、女子中学生の人間関係のいびつさにあきれていた私は、学校的人間関係が、既に企業までをも浸食し始めたことを知って、暗澹たる気持ちになりました。

同じような現象は、たとえば団地の人間関係にも当てはまります。

子ども同士のおもちゃの取り合いが原因で、「山田さんちのお子さん、乱暴なんですって。しかも、お子さんが佐藤さんの子どもに乱暴しているときも、山田さん、何もしないで見てたっていうんです。しつけができてないって、やあねぇ」などといったうわさでも立とうものなら、さぁ、たいへん。

いわゆる村八分状態が生じて、団地にいることができなくなり、引っ越さざるをえなくなった方の相談を何回か、受けたことがあります。

こんな体験を何度も味わっていると、世の人間関係をすべて放り出したくなるのが、人情というものでしょう。

クラスの中でいじめにあい、クラスメイトの視線が気になって、給食を教室で食べることができなくなった女の子。カウンセリングルームでその子といっしょに給食を食べていたときに、その子が吐いた言葉。

「先生、どうして〝ひとり〟じゃだめなんですか……」

同じ言葉を、ぐっと飲み込んでいる方が、どんなにいることか。

今、日本中に何万（もしかすると何十万）といる保健室登校、相談室登校の子どもたちが感じているこうした心のつぶやきは、今、物理的にひとりでいる、という現実に直面しているがゆえにというより、「ひとりでいるなんて、みじめ」というクラスメイトの声を、そして、その背後にある世間の声を感じるから発せられるものであり、そして何より、彼ら彼女ら自身のうちに内在化されたそうした声に捕らわれ、自分で自分を責めるがゆえに発せられるものなのです。

つまり、彼ら彼女らの苦しみの元凶は、〝ひとり〟に対する世間の否定的なまなざし及び、その内在化、であり、そこで内在化された〝ひとり〟に対する否定的な声が呪文のようになって、彼ら彼女ら自身を追い詰めていくのです。

しかし現実には、世間はやはり、ひとりでいる人間に冷たい……。

このことを改めて感じさせられたのは、最近、ある週刊誌の「超法規的日本再生計画」という特集記事を目にしたときのこと。

さまざまな提言の中にまじって「日本を滅ぼすひきこもり問題」（斉藤環）、「パラサイト・シングルに居候税を」（山田昌弘）と、二五の提言中、二つもが、「ひとり」の問題にかかわる厳しい提言をおこなっているのです。もっとも、中身を読むと、いずれもとてもバランスの取れた提言内容だったのですが、このような見出しを週刊誌側がつけたがったということに、ひとりでいる人間に対する世間の厳しい視線が感じられるように思われたのです（『週刊文春』三月二九日号）。

本節では、世間の批判的な視線に苦しめられながら、心の中で「ひとりじゃ悪いか！」と叫んでいる、そうした方々の心をたどっていきたいと思います。

ひきこもり

不登校についての理解が徐々に得られつつあるのに対して、一方、まだまだ社会の厳しい視線を浴びているのが、その一部は不登校の予後としても見ることのできるひきこもりの若者たちです。

最近、とみに「ひきこもり」についての報道が増えてきました。

今からちょうど一〇年くらい前、一九九〇年代に入ったころから、多くの場合、不登校をきっかけに数ケ月から数年にわたって自宅や自室に閉じこもり、社会的活動全般から身を退ける「ひきこもり」の青年たちの存在が徐々にテレビや新聞などで注目され始めていました。一昨年から昨年にかけて生じたさまざまな少年による凶悪事件や九年にもわたる新潟の少女監禁事件などが発覚したことなどから、改めて、全国で五〇万とも、八〇万、いや一二〇万だとも言われる「ひきこもり」の若者たちの存在が注目され始めたのです。

実は、私自身も大学院生のとき、すなわち一九八〇年代後半に、社団法人・青少年健康センターが経営する「ハウス」と呼ばれる「ひきこもり」の青年の宿泊治療施設に非常勤で働いていた経験があり、この現象には関心を注ぎ続けてきました。「ハウス」とは、簡単に言えば、ひきこもりの若者のための短期宿泊治療施設です。民家の中でのひきこもりの青年たちの共同生活を支えることで、彼らの社会復帰を援助しようとする仕事に私は携わっていたのです。この問題に早くから取り組まれた故稲村博先生が始められたものです。

今は残念ながらあまり活動していないようですが、先に不登校について説明したように、ひきこもりの若者たちが最もこだわっているのも、同世代の仲間との人間関係で、その意味では、同世代の仲間、しかも同じような体験を持つ仲間が安全で守られた空間でいっしょにすごし、しかも医師との強い関係を保ちながら運営されていた、という点で、ある意味では、非常に大きな意味を持つ実践であったと思います。

「ハウス」での活動をごく大まかに説明すると、まず、主治医が、本人の入寮意欲の有無、親の希望、家族と離れることの意義、集団生活の可能性、医学的管理の必要性、といった点を検討した上で、患者さんを「ハウス」に依頼します。患者さんは、「ハウス」入寮後も一～二週間に一度、クリニックに通い、医師も週に一度、「ハウス」を訪れ、集団カウンセリングや寮生のミーティングに参加します。

「ハウス」では、一〇代後半から三〇代前半に及ぶ一〇名前後の寮生と二〜三名のスタッフとが共同生活を送ります（夜間も一名のスタッフがとどまります）。「ハウス」ではスタッフに支えられながら、一〇名前後の寮生が共同生活を送ること自体に、治癒的な機能があると考えているのです。

今、振り返ると、ここでの活動の最大の特徴は、寮生同士のやりとりから生まれるダイナミズム、彼らの自己活動性をうまく活用できるシステムができている点にあったと思います。ひきこもりの青年の多くは、人間関係を持つことが苦手です。したがって、寮生のあいだではしばしば、いざこざや衝突が生じます。しかし、スタッフに支えられながら、こうした経験を重ねてゆく中で、人間関係が苦手であった彼らが成長してゆくのです。このように、ひきこもりの青年にとって共同生活を送ること自体、大きな意味を持っています。

自宅や自室に閉じこもっていたひきこもりの青年は、生活のバランスを著しく失っています。しばしば、母親と強い密着した退行状態にあり、ファミコンやテレビ、ラジオなど自室の機器類とも、自分の身体の一部と言えるほど密着してしまっています。「ハウス」への入寮は、これらのものからの分離を意味してもいます。

そして、同じような悩みを抱えた人たちと、自由な雰囲気の共同生活を送る中で、実に多様な経験を重ねます。たとえば、他の寮生の話を聞き、自分ひとりで悩んでいるのではないことを、身をもって実感でき、癒されてゆく。不安になれば、スタッフに話を聞いてもらえる。また、他の寮生とのいざこざや衝突、切磋琢磨を通して、はじめて本気で人とぶつかることを体験する。こうした体験を重ねる中で、一時的に失われていた全体のバランスを回復し、また、対人関係能力、友人形成能力を回復していくのです。

私はかつて、ここのスタッフを短期間でしたがおこなっていました。個人面接もおこなえば、職場や学校につれてゆく、アルバイト探しを手伝う、生活リズムを整えるため起床や食事を手伝う、など、実に多岐にわたる支援をおこなっていました。

私自身もまだ二〇代半ばと若かったためか、ひきこもりの若者たちと共にすごした時間は、とてもなつかしく思い出されます。あのとき寮生だった方は、今、どうしておられるでしょうか。

誰よりも、社会に出たがっているひきこもりの若者たち

この「ハウス」でのかかわりを通して、改めて私が実感したのは、ひきこもりの若者たちは決して、みずから社会との接点を拒んでいるのではない、開き直って休んだり怠けたりしているのではは決してない、ということです。

これは、不登校の子どもたちについても同じことが言えるわけですが、誰よりも学校に行きたがっている、誰よりも社会に出たがっているのは、不登校になったり、ひきこもったりしている当の本人たちです。一見、学校に行かなかったり、会社に行っていなかったりするので、怠けている、休んでいるように見えるのですが、決してそうではなく、不登校やひきこもりの若者の多くは、絶

えず自分を責めている。学校や会社に行っていない、それどころか、家の外に数年間一歩も出ることができずにいる自分を、こんな自分は生きていても仕方ないのではないか、存在していてはいけないのではないか、と時には自分の存在そのものさえ否定し非難し続けていることが多いのです。

かかわってみるとわかりますが、彼らの多くは、実に繊細で、心やさしい人が多い。世間を生きていくのに必要な、ある種の鈍感さ、厚かましさ、無神経さがなく、だから世の中で生きづらさを感じているのだということが、ひしひしと伝わってきます。また、彼らの少なからずが、まじめで、プライドが高く、道徳的なこだわりも小さくない。そのため、たとえば性についても、インターネットや電話などでの性的なコミュニケーションは不謹慎なものとして回避するところがあり、それゆえますます女性が遠い存在になってしまっています。イメージの中の女性が大きく膨らみすぎていることが、彼らをさらに動けなくしているのです。

以前、たまたま筑紫哲也さんがキャスターをされている「ニュース23」という番組を見ていたら、特集として、ひきこもりの若者と、大学生ら一般の若者たちとの対話が特集として組まれていました。いつの間にか、ひきこもりがこれほど注目される時代になったんだなぁ、と感慨を禁じえませんでしたが、やはり一般の若者たちの、ひきこもりの若者に対する視線は厳しい。というか、端的に言うと誤解、無理解のかたまりです。ある温厚そうなひきこもりの若者も、〝負け犬の開き直り〟などと言われて、さすがにムッときているようでした。

それに対してそのひきこもりの若者が語ったのは、「ぼくは、数年間ひきこもっていたけれど、その間、一度も、心休まる暇がなかった」という言葉。この言葉こそ、まさに多くのひきこもりの若者を代弁する言葉ではないでしょうか。彼らはまさに、内心で、闘っている。外からは休んでいるように見えても、心の内側は、一時たりとも休んではいなかったのです。

最近、起こったさまざまな少年による凶悪事件のいくつかが、他者や社会と没交渉で、ひきこもりがちであった少年のものであったため、「ひきこもる奴はあぶない」「何をしでかすか、わからない」といったイメージを持たれやすくなってしまいました。

このことは、結果として、二つの現象をもたらしました。

まず、功の部分としては、それまでもうお手上げ状態で、時のすぎゆくのに任せてしまっていた親たちが、「うちの子は果たして大丈夫なのだろうか」と、私たちカウンセラーなど、専門家を訪れ始めたこと。これによって、ひきこもり状態から脱する糸口をつかんだ若者は、増え始めたはずです。

斉藤環さんらの調査によると、問題を起こし始めた平均年齢が一五・五歳、専門機関に相談した平均年齢が一九・六歳と、その間四年のブランクがあり、これが問題を深刻化させていることは否めません。早期な対応が望まれるわけですが、少年犯罪の頻発が皮肉なことに、結果的に親たちの危機意識に火をつけ、この点で一役買ったことになります。

昨今の報道の影響としてもう一つ、これは罪の部分ですが、一連の少年事件をテレビのニュースや新聞で知ったひきこもりの若者たち自身が、世間の自分たちへの視線がますます厳しくなることを感じ取り、さらに自分を追い詰め、自己否定的になっていったことです。ひきこもりの若者たちはもともと、自分に自信が持てず、世間の価値尺度を自分のうちに取り込み、その価値尺度によって自分で自分を責めているのです。

社会的な活動の一切から身をひき、自宅や自室に閉じこもっているため、ひきこもりの若者は、一見、世の中に背を向け、敵対しているように思えますが、そうではありません。むしろ逆に、世の中というものを非常に強く意識し、意識するがゆえに、世間というものを過剰にすごいものだと考えてしまう。つまり、彼らの大半の意識は、反・社会ではなく、向・社会。それも過剰なまでに、です。

しかし、元来プライドが高く、傷つきやすい彼ら（ひきこもりの約七割〜八割が男性）が、社会の中では自分を守れなくなったとき、仕方なく社会の外へと脱出し、社会とのつながり、他者とのコミュニケーションを遮断することで、かろうじて、自分のプライドを保とうとする試みが、ひきこもりという行為にほかなりません。したがって、彼らの中には潜在的にであれ、社会復帰したい、という気持ち、社会の中で活動したいという気持ちは人一倍強く、それがゆえに自分で自分にプレッシャーをかけてしまい、自分でハードルを高くしてしまっているところがあるのです。

このようにして、ひきこもりの若者の多くは、「どうして俺は、ここから一歩も出れないんだ」「こんな自分は、おかしいのではないか」と自分で自分を責め、悶々と悩み、エネルギーを使い果たしてしまっている。決してのんびりと楽しんでいるわけではありません。怠けているわけではない。にもかかわらず、世間からは「いい歳になって仕事もせずに」と冷たい視線を浴びせられ、理解不可能、何をしでかすかわからないと危険視さえされかねないのですから、気の毒と言えば、気の毒な存在です。

考えてみれば、ひきこもりなど、誰にも迷惑はかけておらず、社会から撤退しているという意味では、多くの芸術家や文学者、哲学者だって似たりよったりで、問題でない、と言えば、問題ではない。本人がいいと言えば、それですむような問題です。「家族に迷惑をかけているではないか」と言う人がいるかもしれないが、金銭面で言えば、一〇〇〇万人いると言われている多くのパラサイト・シングルだって親のスネをかじっている、という意味では変わりありません。家族と本人がいい、と言えば、それで問題ではなくなってしまうのですが、まさにその本人と家族とが、「いい歳をして」という世間の否定的まなざしを過剰に気にかけ、それをみずからのうちに内在化して自分を責めるから問題が深刻になるのです。

ここで考えてほしいのが、ひきこもりの若者たちは、物理的にはひとりで閉じこもっているにせよ、心理的な意味では決してひとりではない、いい意味でひとりになりきれないのだ、ということです。彼ら彼女らの多くはむしろ、もともと、他者の視線を強く気にかけ、他者の期待に応えようとする志向性の強い、過剰適応気味の〝いい子〟であったのであって、世間というものを過剰に大きなものと考えているから余計に、世の中に出ていけなくなってしまっているのです。

つまり、彼ら彼女らは、物理的にはひとりであっても、心の中では、他者や世間の自分たちへの視線を非常に強く気にかけ、それで身動きできなくなってしまっている。自分で自分をがんじがらめにしてしまっている。自分がひとりでいることを、あまりに低く評価し、責めているから、ひとりから抜け出せなくなっている。そんなところがあり、彼ら彼女らにまず必要なのは、心の中の物差しを変えること、〝ひとりでいるのは決して悪いことではない〟と自分のひとりを受容し肯定することからスタートすることだ、と私は思うのです。

しかしこれは、ただひきこもりの本人や家族にだけ求めればよい観点の変更ではありません。まずは彼らの周囲が、そしてひいては世間が、孤独やひきこもりに対する無理解な否定的イメージから脱却することが必要です。「ひきこもりは、あぶない。何をするかわからないから、こわい」という世間のまなざしは、ひきこもりの若者とその家族をますます追い詰め、さらにひきこもりを長期化させてしまいます。悪循環に陥ってしまうのです。

むしろ、そうしたまなざしを緩和し、ひきこもりを、誰にでも生じうる、ごく当たり前の状態として理解すること（誰にも会いたくない経験くらい、誰にでもあるはずで、つまりはひきこもりは、程度の違いの問題です）。このことが、ひきこもっている本人や家族の自己否定をも緩和し、ひきこもりの解消に向かうきっかけとなりうるはずです。

「ひきこもるくらいでちょうどいい」――吉本隆明

先ほど、ひきこもりを異常視する世間のまなざしが本人や家族を追い詰めている、ひきこもりは誰にでも生じうる、ごく当たり前の状態だという理解がもし一般に流布すれば、それがひきこもっている本人や家族の自己否定をも緩和し、ひきこもりの解消に向かうきっかけとなりうるはずだ、と述べました。少なくとも、本人や家族のこだわりの重さを軽くするくらいの効果はあるはずです。もっともそうすると、不登校の場合と同じように、もしかすると、ひきこもる若者もさらに増えていくかもしれませんが。

こうした観点からすると、実に歓迎すべき、ある発言を目にしました。先に、ある週刊誌の特集記事で、ひきこもりやパラサイト・シングルに対する批判的な論調が目についた、と述べましたが、実は、その中に混じって一つだけ、異質な提言がなされていたのです。吉本隆明さんの提言「ひきこもれ！」です。

吉本さんは、こう言います。

「未来のある人には冷静な自己反省というか、自己相対化というか、内省する時間を持ってほしい。ひきこもるくらいでちょうどいいんです」

「ひきこもるくらいでちょうどいいんです」――このあまりに鮮やかな言葉に、思わず私もうーん、とうならされました。さすがに一味違います。

そして、さらにその上で、次のように言ってくださるのです。

「何が強いって、最後はひとりが一番強いんですよ。僕はいつもひとりで考え、ひとりでものを書いてきました」

あの吉本さんが言ってくれるのですから、実に心強い限りです。

しかし、ここで吉本さんが言っておられるように、ひとりで考えることのできる人間が、一番強いのに違いはありません。自分を見つめ、自分をつくる作業に、ひとりでいる時間は不可欠です。

私も、多くの文系大学院生と同じように、学部、大学院と合わせて、実に一一年間の学生生活を、茨城県の筑波という（基本的には何もない）土地ですごしました。

文系大学院生の生活などは、まじめに勉強しているとしたら、まさにひきこもりと変わらない状態。私も、博士論文執筆時には、昼の一時に寝て、夕方六時に起床。あとはアルバイトなども一切せず、世間と没交渉。食事以外は、ひたすら論文作成、という生活を二年くらいすごしました。

世間から見たら、実に異様であったに違いありません。

しかしあの時間は、今振り返ると実に充実していたし、確実に役に立った。〝自分〟というものをじっくり育てる時間を与えてくれたのです。

吉本さんも言うように、青年期のある時期に徹底的にひとりでものを考えるという作業は、自分というものをつくっていく上で計り知れない意義があるように思います。

もっとも、既に述べたように、いわゆるひきこもりの若者の多くは、吉本さんの言うようにみずから積極的にひきこもっているわけではなく、ひきこもりたいわけではないのに、そうせざるをえなくなり、そのために自己否定的感情に苦しんでいます。

吉本さんの発言は、言うまでもなく、あまりに直截的に孤独やひきこもりを危険視する世間の風潮のほうがむしろ、より危険であることをアイロニカルに、かつ挑発的に指摘した言葉として受け取る必要があるでしょう。

「みんな仲良く」はそんなに大切か

先に私は、不登校やひきこもりの子ども、若者たちが苦しむのは、今の自分の状態、特に仲間や友人がおらず、ひとりでいることに対する世間の否定的なイメージを、自分のうちに取り込み、内在化することで自分を過剰に責めるからだ、と言いました。

そのような世間の否定的なイメージはどこから来るかと考えると、すぐに行き当たるのが、日本の大人が、「みんな仲良く」「友だちづくり」に大きな価値を置きすぎているのではないか、ということです。子どもが幼稚園や保育園、学校に行くと、「友だちはできたか？」「みんなと仲良くやれたか」を真先に気にします。

このような価値観を子どものころから植え付けられているがゆえに、そこから外れてしまった不登校やひきこもりの子ども・若者は、その価値に照らして自分を責めるのだと思うのです。しかし、「みんな仲良く」はそれほど大切なことでしょうか。

むしろ、ひとりでボーッとしている時間も、子どもの心の成長には必要なのではないでしょうか。エリーズ・ボールディング著『子どもが孤独《ひとり》でいる時間《とき》』（松岡享子訳、こぐま社）には、子どもは生活のどこかで孤独でいる時間を必要としていること、「人間にはひとりでいるときにしか起こらないある種の内面的成長がある」こと、ひとりになり自分と対話する時間を持たず、絶えず外界からの刺激に身をさらしてばかりいると、刺激におぼれて、想像力や創造性の発達が妨げられてしまうこと、が記されています。

思えば最近は、テレビドラマのスピーディーな展開に表されるように、すべてがスピードアップ。せかせかしていて、いつも強い刺激に追い立てられているような感じがあります。たとえば、私が子どものころに見ていた山口百恵と三浦友和の連続ドラマ「赤いシリーズ」などは、毎回毎回二人を苦難が待ち受けていて、なかなかストーリーが展開しなかった。それに対して、最近のドラマは大半が三ケ月単位で切り替わるので次から次へとストーリーを展開させなくてはなりません。今週こんなことがあったかと思えば、もう来週あんなふうになっちゃうんだ、という、視聴者の予測を越えるドラマティックな展開によって、観る人を引きつけて離さない戦略なのでしょう。

ドラマの展開というのは、視聴率を稼がなくてはいけませんから、その時代時代の人々の大衆心理をうまく表しているところがあります。なぜか理由はよくわからないけれど、せかされているような気持ちになることがある人も少なくないと思います。のんびりしていると、何か怠けているようで悪いことをしているような気分になる人はいませんか。

それはともかく、子どもにとっては、ひとりでボーッとしている時間がとても大切な意味を持っています。「時間」が経つのを忘れ、「我」を忘れて、何かに取り憑かれたようにして、無我夢中になるという体験の中で、子どもの想像力や創造性が育まれていくのです。ひたすら砂や粘土をいじくったり、長い時間ボーッと列車を観ていたり、といった体験の中で、子どもの想像力や創造性は育っていくのです。

けれども、実際には子どもの生活で最も重んじられているのは、「はやく」「きちんと」そして「みんな仲良く」。つまり、効率性と協調性の価値が重視されています。個性や創造性が学校教育ではしきりに唱えられており、そのため「ゆとり」が重要視されてきているわけですが、親の側のこうした本音を感じ取るからこそ、学校でも、個性や創造性の尊重はあくまでタテマエにとどまり、実際には、効率性と協調性重視の教育がなされてきたのです（もっとも、来年度から施行される新しい学習指導要領では、「総合的な学習の時間」の設置など、新たな方向性が見られますし、私も、そろそろ本気で学校教育は、個性、創造性、自己決定に価値を置いた教育に取り組まなくてはならないと思っています。親の側の価値観はなかなか変わりませんから、学校主導で子どもの教育における価値の変容に取り組まなくてはならない、と考えています）。

「私たち、同じ」「みんな仲良く」式の教育では、これからの困難な時代を生き抜くタフな子どもたちは決して育ちはしないということに、既に多くの人は気づき始めています。しかし、それでもやはり「仲良し」の価値を重視してしまうのは、私たち、三〇代、四〇代の親世代が子どものころ、既にいじめや村八分、シカトなどの行為がクラス内でひんぱんにおこなわれており、またそのターゲットにされたときのつらさ、みじめさを肌で知っているから、わが子にだけはそんな思いをさせたくないと思うからでしょうか。

親や教師が、「みんな仲良く」にさほど価値を置かず、「無理して友だちはつくらなくてもいい」「ひとりでいることは、そんなに悪いことでも、価値の低いことでもない」「自分ひとりの世界を持っているのは、むしろ、素晴らしいことだ」という価値観を子どもに伝えていくとしたら、どうでしょう。子どもたちは今ほど、ひとりでいることをみじめなこととは思わなくなり、不登校やひきこもりの状態に身を置いたとしても、それほど強い劣等感や自己否定的な感情に苛まれることはなくなるのではないのでしょうか。そして、それらの否定的な感情への捕らわれが軽減した結果、不登校やひきこもりの減少に、あるいは少なくとも、一人ひとりの不登校やひきこもりの子が背負っている重荷を幾分かでも軽減することにはつながるのではないでしょうか。

フリーター

不登校やひきこもりとは、だいぶタイプが異なるけれども、企業や役所などの組織に属さず、その意味で孤独な存在で、しかもやはり世間や親から厳しいまなざしを突きつけられている若者に、いわゆる〝フリーター〟がいます。

古くから日本では、働いて、自分で生計を立て、結婚し家族を持ってはじめて男は一人前、と考える風潮があります。フリーターは、じゅうぶんな収入のない、半独立という半端な状態であり、したがって結婚もままならない半分大人で半分子どものような存在。どこか、〝大人になること＝成熟を拒否した若者〟というのが、世間一般のフリーターに対する印象でしょう。

厚生労働省によれば、フリーターとは、一五歳から三四歳までのアルバイトまたはパートで働く人を指します（学生や主婦などを除く）。一九九七年で全国に一五一万人と見積もられています。しかし別の調査によれば、実数ははるかに多いようで、全国で三四四万人。内訳は、一五～一九歳が四二万人、二〇～二四歳が一四四万人、二五～二九歳が一〇四万人、三〇～三四歳が五四万人であるとのことです（「フリーター白書二〇〇〇」リクルートフロムエー調べ）。

フリーターとは、言うまでもなくフリー（自由）なアルバイト生活者のこと。もともと、八〇年代に、組織に縛られず自由なまま、将来の夢を追うためにアルバイトをしながら自己実現に向かって努力する若者たちを指すのにこの言葉は使われ始めたのですが、不況のため、企業の採用姿勢が変わり、正社員の採用を減らして派遣など、割安の労働者を求め始めた現在、フリーターは「働かずに夢を追う人」のことではなく、現実には「正社員より安い賃金で働かされ使い捨てにされる人」を指すようになってしまったようです。また、東京の高校生を対象に調査したところ、ホワイトカラー（専門職、管理職、事務職）の家庭の子どもと、ブルーカラー（作業員、販売員、職人など）の家庭の子どもを比べると、同じ成績であっても、ブルーカラーの家庭の子どものほうにフリーター志望が多い、という結果も出ています（耳塚寛明による）。そしてこの現象は、階層の固定化につながる恐れがある、と指摘されています。

このように、フリーターは賃金の面から見ると本人にとっても、割は合いません。また世間からも、「いい年齢をして税金もろくに払っていないフリーターが日本の経済をだめにするのではないか」「いずれフリーターの増加が原因となって、税金、年金、社会保険制度などが破綻するのではないか」などといった懸念、というか反感を買っています。それを感じ取っているためか、当のフリーターたちも、そんなに長くやるものではない、という認識があるのか、フリーターを対象に「何歳までにフリーターをやめたいか」をたずねた調査によれば、「一八〜二四歳まで」が二八・九%、「二五〜二九歳まで」が三四・二%、「三〇〜三四歳まで」が一六・八%、「三五歳以上」が七・四%、「無解答」が一二・七%。平均で「二七歳までにはやめたい」と考えている者が多いことが明らかとなっています（「フリーター白書二〇〇〇」リクルートフロムエー調べ）。

こんなふうに、世間からはあまり評判の芳しくない、フリーター。しかし、だから当然減っているだろうと思うとそうではなく、腰掛け大学院生や高学歴フリーターの増加など、本気で就職活動をすれば、すぐにそれなりにいい会社に採ってもらえそうな学生たち、特に男子学生が、みずから進んでフリーターを志望するケースはむしろ、増えてきているような気がします。

もちろん、不況の中、頑張って就職活動をしてもさほどいい企業に就職できないだろう、といった諦めが先に立っていることもありますが、みずからフリーターを志望する男子学生の少なからずは、いったん就職してしまうと自分の自由な時間がなくなってしまうので、趣味や海外旅行の時間をじゅうぶん確保しエンジョイしたあとで、就職活動をしたい、という優雅な（？）考えを持っています。

私が、しかし、こうした学生たちにそれほど批判的になれないのは、一つの企業に身を捧げるつもりで働き続ける、といった生き方では、これからの時代、幸福な人生を手にするのが困難であることがわかるからです。たとえば、サラリーマンのカウンセリング事例などでも、リストラなどにあい、ひどく落ち込み、回復不可能な人は「会社一本」の人。逆にそれほど落ち込まず、早めに再スタートを切れるのは、会社のほかにもいくつか熱中できるものがある多重的なアイデンティティの持ち主である、ということが実感されるからです。

もちろん、やるからには、自分の仕事に誇りを持ち、熱中して取り組むことは大切なことです。しかし、先の見えないこの時代をタフに生き抜くためには、仕事以外にも複数の〝ハマれる〟ことがあり、そのいくつかを自分のアイデンティティとして生きていくことのできる多重的なアイデンティティの持ち主のほうが、有利なのはたしかです。このことを含め、自分のキャリアは自分で開発していかなくては、という意識が、今の若い世代には共有されつつあり、カウンセリングの分野でも、それを援助するキャリアカウンセリングの領域に活気が訪れつつあります。

したがって、フリーター諸君。自分の現状を決して責める必要はありません。

ただ、今のうちにぜひ、いくつものさまざまな労働体験をして、自分の「引き出し」を増やしておいてください。それが、この見えにくい時代をタフに、かつ柔軟に生きる知恵を身につけることにつながります。

中年の独身

もう一つ、これだけ社会が変わり、いろいろな意味で柔軟になったにもかかわらず、まだまだなお世間から理解されにくく、つらい思いを抱かされることが少なくないのが、三〇代半ば、あるいは四〇歳すぎても（つまり、中年になっても）独身でいる男女、特に女性たちです。

今や、二〇代後半の若者のうち、男性は三人中二人は独身、女性でも二人に一人は独身の時代。東京に限ってみれば、三〇代前半になっても、男性の約半数、女性の約三分の一がシングルです。

私自身は今、三八歳なのですが、大学の同級生や先輩を見渡しても、結構います、独身の方。ある調査では、生涯独身でいる人は、男性は低学歴、女性は高学歴が多いというのですが、なるほど、そうかもしれません。私のまわりの女性に限って言えば、これにプラスアルファ、「ちょっとだけ、美人」という条件が加わるようにも思います。そして、そんな賢い女性の少なからずが、人生のどこかの時点で結婚にある程度の見切りをつけ、「結婚しないかもしれない症候群」に陥り、将来いっしょに住むかもしれない女友だちを大切にしたり、民間の介護保険に入ったり、老後の資金に備えたりしているようです。

若いころ、モテていて、チヤホヤされすぎたから、理想が高くなりすぎたのだろうか、などと考えてもみますが、そんなに鼻持ちならない性格には思えません。むしろざっくばらんで、だから私もずっと友だちでいられるのです。今どきの私の同世代の女性には、何か特別な意識があったわけではない、ずっと自然体で生きてきて「気がついたら、三八歳。独身」という感じの女性も少なくないのではないでしょうか。

やはり私と同世代の独身の女性エッセイスト、岸本葉子さんもこう言います。

「なぜシングルか。難しい質問です。別に結婚とシングルとの諸々の要素を比較検討して、『結婚はしない』と決めた段階があったわけではない。私にとってシングルは『主義』ではなく、『状態』です。『状態』では味もソッケもなさ過ぎたら、『習慣』くらいにしておきましょうか。必然ではなく、偶然というか。たまたま、結婚したいと思う時期に、結婚したい人に出会わなかった」（岸本葉子・横田濱夫『「ひとり暮らし」の人生設計』新潮社）

こんな感じの人、実は案外、多いのではないでしょうか。

海老坂武さんは、こんなふうに、これといった主義主張で独身を貫いているわけではなく、「まだ」「さしあたって」シングルでいる、というこうしたシングルを、主義主張あってシングルを貫いている「原則シングル」と区別して「状況シングル」と呼ぶのですが（『新・シングルライフ』集英社新書）、この本の中で海老坂さんは、独身者に対して今なお、しばしばなされるいやがらせを、セクハラにならって「独ハラ」と命名します。

「まだ結婚しないの？」「そろそろ落ちついたら？」「好みがうるさいんじゃない？」と言われたり、「あんな勝気な性格じゃ、結婚できなくても無理はない」と陰でささやかれたりする。しまいには、仕事で失敗したあかつきに、「やっぱり、結婚もできない男には、大切な仕事は任せられないな」などと、妙な非難の仕方をされることもあるそうで、これでは、気の短い方でなくても「ほっとけ。ひとりじゃ悪いか！」とブチ切れたくもなろうかと思います。

この「独ハラ」現象はつまるところ、「仕事をして、結婚し、子どもを育てて一人前」という社会通念がいかに根深いものであるかを示しているわけですが、あまりに当然のように独ハラがなされるのを目の当たりにしていると、日本の国の多数派に属する人（つまり「仕事をし、結婚し、子どもを育てる」という条件を満たしている人）の、傲慢さ、鈍感さに呆れ返ってしまうことが少なくありません。

考えてみれば、この国ほど、「みんな同じ」という抽象的観念に毒され、少数派に属する人への配慮を欠いた国はないのではないでしょうか。たとえば、JR。山手線で、次の駅名をモニャモニャモニャ、と日本人である私でさえ、よく聞き取れないような声で話す。外国から来た方や聴覚に障害がある方などの存在がまったく視野に入っていない。視覚障害者の三割、外に出ることの多い視覚障害者に絞れば実に九割の方が車両のつなぎ目とドアとを混同して事故にあいそうになったことがあるとも聞きます。

一事が万事。あまりの忙しさにみなが疲れ果て、少数派、自分と異なる条件の者への想像力をめぐらす余裕を失っているのがこの国の多数派の人々ではないでしょうか。

そして、その最も古典的で典型的な偏見が、「仕事をして、結婚し、子どもを育てて一人前」という通念による独身者への有形無形の圧力です。

まぁ、仕事をするのは、自分の糧を自分で稼ぐためには必要なので、とりあえず認めるにしても

「結婚し、子どもを育てる」については、そうしなくても、誰に迷惑をかけるでもなし、なぜ世間はこんな多様な時代になってもなお未婚の独身女性をバッシングするのかと思いきや、思い当たる節が一つ。つまりは、「結婚し、子どもを育てる」ことがあまりにたいへんな労苦であったので、同じ女性でありながらそれを免れる人の存在が許せない。つまり、妬みが隠れた動機となって、既婚女性は未婚女性をバッシングするのではないでしょうか。実際、既婚女性が自分の夫婦関係を一言で述べるとき、しばしば使われるのが「セックス付きの家政婦」という言葉だそうです。したがって、私のこの推測もあながち間違っているとは言えないと思います。

次に、今の若い独身の女性が、将来の結婚についてどう思っているのか、調査の結果を見てみますが、ここにも、独身者、特に未婚女性への世間の冷たいまなざしが微妙に反映されているようです。

まず、一九九七年におこなわれた、未婚者の生涯の結婚意志の有無を調べた出生動向基本調査によると、男子の場合、「一生結婚するつもりはない」と答えたのはわずか六・三%にすぎないのに対し、「いずれ結婚したい」と考えている人は八五・九%。女子の場合も、「一生結婚するつもりはない」と答えたのはわずか四・九%にすぎないのに対し、「いずれ結婚したい」と考えている人は八九・一%。

つまり、男女問わず、ほとんどの若者は、「いつか結婚したい。結婚するのが普通だ」と考えている様子がうかがえます。

では、私が毎日つきあっている千葉大学の学生はどうだろう、と比較的大きなクラスサイズの授業でたずねてみたところ、人生の中で「いずれ結婚したい」あるいは「いつかは結婚するだろう」と考えている人は男子学生の八四・四%、女子学生の九七・七%で全体の九四・〇%、これに対し「一生結婚しないのではないか」あるいは「結婚するつもりはない」は、わずか六%でやはり先の調査とほぼ同様の結果になりました。

「何だ、案外保守的じゃないか、日本人の結婚観はそんなに変わってないのかも」と思われた方もいるかもしれませんが、私はここに、若者たちが独身者に対する世間の冷たいまなざしを意識している反映を見て取ります。大多数の若者が結婚を希望するのは、結婚に理想を見いだしているからではなく、独身を貫くことで「世間」から排除されるのを恐れるがゆえだと思うのです。

しかしでは、今の若者たちが〝結婚〟を何より重要視しているか、人生の不可欠の要素と考えているか、というと、それはどうやら別問題のようです。首都圏在住の二五歳から三九歳の独身女性を対象にセゾン総合研究所が一九九八年におこなった調査において、「理想の結婚相手が見つからない場合、結婚しなくてもいいと思うか」をたずねたところ、「そう思う」三一・六%、「ややそう思う」三六・九%、それに対して「あまりそう思わない」一九・一%、「思わない」一一・三%という結果が出たというのです。

つまり、実に約七割もの独身女性が、妥協して結婚するくらいなら、結婚しないで生きていったほうがマシだ、と考えていることになります。

これは、千葉大学の学生たちもほぼ同様で、「理想の結婚相手が見つからなかった場合、結婚しないほうがいい」は男子の五八・五％、女子の五三・一％で全体の五四・六％、逆に「多少の妥協をしてでも、結婚はしたほうがいい」あるいは「するつもりである」と答えたのは、全体の四五・四％で、結婚はもはや人生の不可欠の要素ではなくなっていることが確認できます。実際、「男女共同参画社会に関する世論調査」の結果では、国民の七割以上が「人は結婚してもしなくてもどちらでもよい」と考え、中でも三〇代の女性の場合は九割近くがこの考えを肯定しています。

また、独身女性を対象にした先のセゾン総合研究所の調査で、一年以内の結婚についてたずねた質問に対しても、結婚したい人が約一割、結婚するつもりはない人が約五割、理想の相手が見つかるなら結婚してもいいと考えている人が約四割、とここでも、結婚するかしないかは〝相手次第〟であると考えていることがわかります。

つまり、多くの女性たちにとって、もはや結婚は〝何が何でもしなくてはならないもの〟ではなくなってきているのです。結婚は、〝人生のひとつの選択肢〟。そして、その選択を最も大きく左右する最大の要素は、理想の相手にめぐりあえるかどうか「運命次第」である、という、かなり不確定な要素なのです。

ここにはまた、彼らの親世代が、結婚・子育てで非常に苦労していた、忍耐に忍耐を重ねていたその姿を見てきたことが影響しているとも言えるでしょう。つまり、たいして好きでもない相手と結婚し、それを続けるのに苦労を重ねてきた母親の姿を見て、多くの若者は「ああいう結婚だった

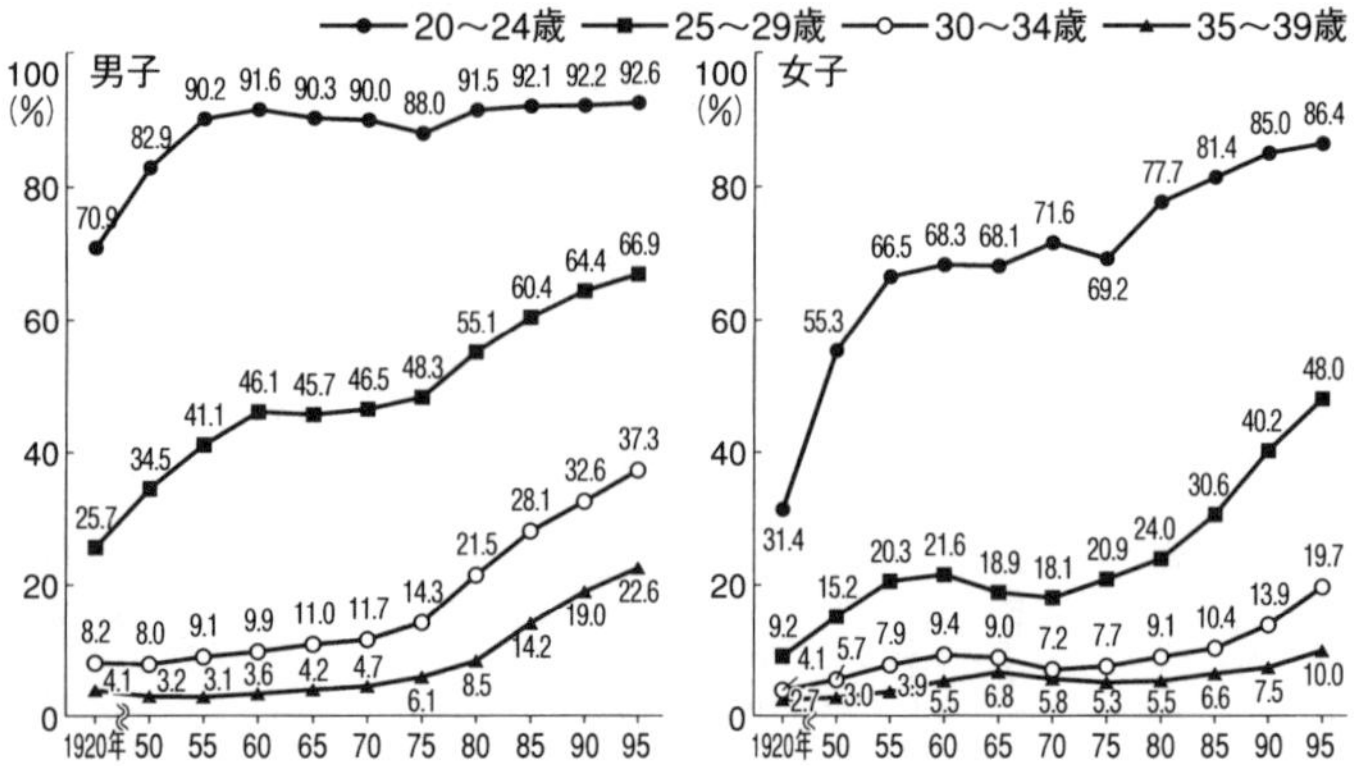

図１　年齢別未婚率の推移（資料：総務庁「国勢調査」）

らしたくない」と感じているのではないでしょうか。実際、「一生結婚するつもりはない」と答えた少数派の未婚女性たちの約半数が、自分が小学生だったころに父親が「家事も子育ても母親任せ」だったと答えたといいます。

もう一つ、重要なデータがあります。

グラフ（図１　年齢別未婚率の推移）をご覧ください（総務庁「国勢調査」による）。

少し前までは、女性は二五歳までに、男性は三〇歳までに結婚するのが普通と考えられていました。実際、一九七五年の時点では、女性二五〜二九歳の未婚率はわずか二〇・九％にすぎず、男性三〇〜三四歳の未婚率も一四・三％にすぎなかったのですから、かなりハッキリとした〝適齢期〟が存在していたことがわかります。

しかし、一九九五年の時点で既に、女性二五〜二九歳の未婚率は四八・〇％と約半数になっています。実に、一九七五年の時点の約二倍半。二〇代後半の女性の約半分はまだ未婚です。男性三〇～三四歳の未婚率も三七・三％と、二〇年前の三倍近くにハネ上がっています。

ちなみに、一九九五年時点の、男性三〇代後半の未婚率は二二・六％、女性三〇代前半の未婚率は一九・七％、三〇代後半の未婚率は一〇・〇％。ここ十数年の急激な数値の上昇を考慮に入れると、六年後の現在（二〇〇一年）ではこれらの数字はさらにかなりポイントが上がっていると予測され、おそらく現時点では二割弱、つまり五人に一人、一〇～二〇年後には、四人に一人が生涯独身ですごすことになると思われます。

なお、現在でも、全世帯に占める単身者世帯の割合は既に二五％、つまり四分の一を超えており、二〇二〇年には約三割が単身者世帯になるであろう、という予測もされています（国立社会保障・人口問題研究所「日本の世帯数の将来推計」）。

こう考えると、ほんの一〇～二〇年のうちに、生涯結婚せず独身を通したり、結婚しても気が合わなければ離婚して生涯の大半をひとりですごす、というライフスタイルが、ごくごく当たり前の、普通に選択可能なライフスタイルとして日本で公認されるようになってくるのは、ほぼ間違いないであろうと思われます。

もっとも、若い人々の未婚率の上昇、晩婚化は、少子化の最大の原因の一つとしてかなり厳しい批判を浴びせられています。あとでパラサイト・シングルについて見るように、経済の観点から見ると、たしかにこれは、日本という国を揺るがす大問題なのでしょう。

しかし、世間体を気にして好きでもない相手と結婚する、結婚したら別れられない、という抑圧から、日本人の多くがようやくほんとうに解放されようとしている、という点で、これは非常に好ましい変化であると私は思っています。結婚する・しない、離婚する・しない、ということが、はじめて言葉の真の意味での自由な決断の選択肢たりうるようになってきた、ということなのでしょうから。

とはいえ、多くの人が指摘するように、こうした現象に、日本の若い女性がわがままになり、打算的になってきた、という面も映し出されているのは、たしかです。

夫婦関係というのは、努力しなければ軋轢が生じます。その点、独身は何といっても気楽です。結婚は、高い精神的コストを余儀なくされる行為です。

さらに、純粋に金銭的な打算だけにしぼっても、未婚のほうが断然有利。「国民生活白書」(経済企画庁、平成九年度版)の試算では、短大卒の女性が就職後、第一子出産時に退職し、子育てが一段落した数年後に再就職する場合、辞めずに働き続けた人に比べて、賃金は約六三〇〇万円もの損失になる(鈴木りえこ『超少子化』集英社新書)というから驚きです。

六三〇〇万円ですよ。六三〇〇万円!

その上、子ども一人を産めば育ててあげるのに(もちろん私立、公立の違いなどはあるにしても)ざっと見積もっておそらく五~六〇〇〇万円はかかるでしょうから、それだけで一億数千万、子どもを二人生んだ場合には、二億近い収支の違いが生じてくるわけで、だとすれば、そこそこ安定した仕事につけている女性の場合、よほど収入のいい男性と結婚するのでなくては、生涯独身で通したほうがはるかに生活レベルは高い、ということになります。つまり、結婚して子どもを産む、というライフコースは、多くの場合、多くの精神的労苦を伴う上に、生活レベルの低下を余儀なくされるわけで、このことがわかっていれば、冷静な女性は、よほど惚れた男か、よほど収入の高い男でない限り、打算が働いて結婚を見送ってしまうはず。じゅうぶんわかる話です。

つまり、精神的な面でも、金銭的な面でも、純粋にコストだけを考え、損をしたくないのなら、結婚しないほうがいい。こんな打算が未婚女性の心のどこかで働いているのではないでしょうか。

ですから、たとえ結婚するにしたって、もちろん生活レベルを維持させるために、夫の収入は高収入を望む。また、精神的なコストもできるだけかけたくないから「結婚しても個人の生活は守っていきたい」「自分のために使える時間はほしい」と、考えている。私が少し驚いたのが、「結婚しても、できれば相手と同居したくない」と答えた独身ＯＬが約三％もいること。これではいったい、何のための結婚か、と言いたくなりますが、それほど、世間からのバッシングに苦しみ、形だけでも整えようとする未婚女性が多いということなのでしょう。

パラサイト・シングル

先ほど、私は、こう言いました。

ある程度の収入を稼いでいる女性なら、結婚すると、精神面でも、金銭面でも、コスト的には

「損」になる。無意識のうちにこうした打算が働き、未婚女性が増えていくのは、じゅうぶんわかる話である、と。

その意味では、未婚者の中でも、親との同居を続ける人たちのほうがより典型的。かなりの収入を仕事で稼ぎながら独立せず、親との同居を続けるならば、さまざまな面でより「得」であることは間違いありません。昨年あたりからパラサイト・シングル（親に寄生する独身者）と命名され、にわかに注目をあびる存在となりました。

たしかに、「経済的に独立し、結婚し家族を持ってはじめて一人前」とする旧来のものの見方からすると、経済的に独立しようと思えばできる程度の収入がありながら独立せず、この不況で、ただでさえ細くなりつつある親のスネをさらにかじり続け、多くは適齢期（なるものがあるとすれば）をすぎているのに結婚しようとしないパラサイト・シングルの若者たちは、何とも甘ったれた、許せない存在に映ることでしょう。

しかし今や、三〇代前半の男性の五人に一人、約一〇〇万人が親と同居する未婚者。未婚女性に限って言えば、その約八割は親と同居し、三〇代後半になっても約六割が実家にとどまっているのです。

しかもそのほとんどが、たとえかなりの収入を稼いでいる場合でも、ほんのわずかしか生活費を入れていないのが実情（平均で一〜三万円）で、あとは自分だけのために使い放題。かなり豊かな生活をエンジョイできているようです。

自分で稼いだお金はほとんど自分ひとりの小遣いとして、好きに使える。大半の若者は個室を持ち、家事は黙っていても親がやってくれる……。同世代の若者でも、たとえば結婚して二、三人の子どもを持ち、少ない収入で何とかやりくりし、子育てに追われる中、少しでも生活費を稼ごうとパートに出る、自由に使える自分の時間なんてほとんどない、といった人たちから見れば、パラサイトしている独身者は実に羨ましい存在であるに違いありません。

実際、この不況の中、生活レベルの低下を多くの人が感じているにもかかわらず、二〇代だけは生活水準の向上を感じている人が少なくない、といいます。実際には、計算ずくでパラサイトしているわけではなく、結婚したい、とは思っているが、条件が合わない、とか、いい人とめぐり会えないから親と同居している、といった人が多数派ではあるでしょう。「経済的に自立は無理」とか、「親といっしょのほうが安心できる」などの理由をあげる人が多いようですが、「家事などをやってもらえる」からと答える確信犯的なパラサイト・シングルも中にはいるようです。

こうした、たいした苦労もしていないのにリッチな生活をしている若者たちへの妬みもあるのでしょうか。パラサイト・シングルに対する世間の見方はなかなかに厳しい。

そのポイントは主に次の二つ。

一つは、親と同居し親に依存するパラサイト・シングルは、なかなか結婚せず、晩婚化・未婚化現象に拍車をかけている、という点。結婚前に親から独立している人のほうが結婚率が高い、というのです。そして、晩婚化・未婚化が少子化の原因となっているのは周知の事実。つまり、少子化の元凶は若者のパラサイト現象にある、というわけです。

二つ目は、日本経済に与える影響の大きさ。パラサイト・シングルが増加すると、家庭電化製品、食器、家具、自家用車、などが親との共用ですんでしまうから売上が落ち込む。住宅の需要も増えない。つまり、パラサイト・シングルの増加により、基礎的消費が増えないことが日本の不況の原因の一つであり、実際、このことは昨今の不動産業、建築業、自動車産業、デパートなどの売上の落ち込みなどに端的に表れている、と言われます。

すなわち、不況と少子化、という、今の日本を悩ます二つの大問題の、かなり直接的な原因になっているのが、親にパラサイトする若者たちの増加である、というわけです。

「パラサイト・シングル」の命名者である山田昌弘氏は、これらのことを指摘した上で、その最も効果的で弊害が少ない対策として「親同居税」をあげます。それにより、親に贈与されている存在だということに気づかせ、自立心を養うべきだというのです（山田昌弘『パラサイト・シングルの時代』ちくま新書）。

たしかに、経済的な見地から見ると、親同居者の増加は大きな問題でしょう。

また、今の日本はあまりに若者中心の社会であり、若い時代にあまりに楽な生活をしすぎると、精神的なタフさを失い、これからの困難な時代を生き抜くことができるのだろうか、と心配にもなります。

しかし、パラサイトしている若者の側に立てば、ある意味では、人生でこれほど恵まれた環境に置かれることは、たった一度しかないわけで、その環境を最大限に利用すればいいのです。

つまり、親と同居しているか否か、経済的に自立しているか否か、それ自体はさほど問題ではありません。重要なのは、その恵まれた環境の中で、自分の人生を自分でプランニングし、それを実現させるために、自分の時間を有効に使いえているかどうかです。親との同居によって得られた恵まれた環境の中で、与えられた時間とお金とをただ浪費しているだけであれば、やはりそれは文字通りのパラサイト（寄生虫）です。自分たちが今特権的に恵まれた環境にあることをじゅうぶんに自覚しつつ、それをフルに利用して、将来への先行投資のつもりでさまざまな可能性に着手し、力量を身につけることができれば、それに越したことはありません。

若いうちの一人暮らしはたいへん。少ない収入で何とかやりくりしなくてはなりません。親と同居しようと思えばできるのに、無理に突っ張って独立し、お金もなければ時間もない、生活するだけで精一杯、という状態に追い込まれ、さまざまな可能性にチャレンジしたり資格や技能を得るチャンスをみすみす手放す必要はないと思います。堂々とパラサイトし、それで浮いた時間とお金を、今の自分、将来の自分のために有効に利用していけばいいのです。

しかし、一つ心配な点もあります。

親との同居が長いと、多くの場合、次第に自立心、独立心が萎えてくるばかりか、親への依存心が強まり、そして最も質が悪いのは、親から子への依存心も強まり、離れたくても離れられないような関係になっていく場合が少なくないことです。中でも、同居する母親と娘が相互にもたれ合い、依存し合って、「一卵性母娘」のようになることが少なくないようです。たとえば、私のカウンセリングの事例などでも、最近、〝娘に精神的に頼りすぎている母親〟〝娘をカウンセラー代わりにする母親〟が増えており、そのため娘のほうは自立を妨げられ、さまざまなダメージを被っているケースが多いのです。

先日も、こういう相談がありました。

相談に来たのは、二九歳の女性。職業は、いわゆるＯＬで、経済的にはそこそこ自立できるくらいの稼ぎはあります。相談内容は、こうでした。

「私、今、つきあっている男性がいます。つきあって半年くらい経つんですが、この前、プロポーズされたんです。友だちもみんな結婚し始めているし、私も、そろそろ結婚を考える年齢だってことはわかっています。でも、どうしても気がかりなことが一つあります。母が、かわいそうなんです。私が結婚して家から出ると、母は父と二人きりになってしまう。そうなると、家の中がどんな雰囲気になるかと想像すると、ぞっとします……」

聞くと、お父さんにはどうやら外に女性関係があり、それを知られたことが夫婦関係にひびが入ったきっかけになったようです。

「父は、いいんです。愛人がいますから。でも、母は……。母の孤独やさみしさを思うと、私ひとり、しあわせになるのは、悪い気がして……」

彼女は、こんな気持ちから、結婚に踏み切れないでいる、と言うのです。

「母はひたすら私に愚痴をこぼします。特に、父に対する非難を。父の姿を見るだけで、泣きわめいたり、怒鳴り散らしたりすることもあります。そして少し、気持ちが落ちつくと、ずーっと愚痴をこぼすんです。私も、もちろん、そんな話を聞かされて、楽しいわけでは全然ありません。でも、母のつらさを思うと、拒むことができなくて……」

「いつごろから、そんなふうなの？」

「……父に最初の愛人がいることがわかったのは、私が中学一年のとき。そのときから、母のそんな話をずーっと聞かされてきました」

つまり彼女は、一二歳のときからもう一七年くらい母親の〝専属カウンセラー〟をさせられてきたわけです。そしてそのために、今さら母親のカウンセラー役をやめるわけにいかなくなり、結婚に踏み切れなくなってしまっているのです。

〝母の娘への依存〟が娘の自立を妨げてしまった典型的なケースですね。

私はこう言いました。

「あなたの気持ちはよくわかります。でも、一生それを続けるわけにはいきませんね。あなたは、『いつかは結婚したい。母とも離れたい。でも、今は』と思っているかもしれない。しかし、その『でも、今は』が曲者。『でも、今は』『でも、今は』と、決断を先延ばしにしていると、結局、いつまで経っても決断できない。

そしてずーっとあとに、ようやく結婚する気になってまわりを見渡しても、そのときは、結婚したい相手がいない。そうなって、『あのとき、母がああでさえなかったら』と、一生お母さんを恨み続けている方も、結構いるんです。

そうならないために、ここは、一時の感情に流されないで、よーく考えて決断したほうがいい。自分をしあわせにできるのは、自分だけ。心を鬼にして自分のしあわせを手にすることが、結局はみんなのためにいいことだったというのも、よくあることですよ」

カウンセラーである私から見ると、パラサイト・シングルの問題で最もこわいのは、母と娘のもたれ合い。共依存的な関係の中で、娘の自立が損なわれ、一生を台無しにしてしまうことです。親子がお互いのためを思って同居し続けることによって、お互いをだめにしてしまうことのないよう、気をつけたいものです。

離婚

離婚はもう、ごく当たり前のことになってきた。これが多くの方の実感ではないでしょうか。日本の離婚率は既にフランスを上回り、婚姻件数の約三組に一組が離婚する時代なのですから、これは当たり前と言えば、当たり前の話です。

私がこれを実感するのは、カウンセラーとして学校へうかがったときのこと。私が住んでいる千葉近辺の中学校では、クラスの子どもたちの、一五％くらいが片親家庭で育てられている、といったことが少なくありません。これが、いわゆる困難校と呼ばれている高校になると、場合によっては半数近くの子どもの家庭が片親しかいないこともあります。

結婚するカップルの三組に一組の割合で離婚が成立しているのですから、こういった現象も、何ら不思議ではありません。

千葉大学教育学部の学生たちに授業で、離婚についてたずねてみました。

「もし、夫婦間の関係が悪くなったら、離婚したほうがいい」は男子の四五・三％、女子の五三・一％で全体の五〇・八％、逆に「結婚した以上、夫婦間の関係が悪くなっても、がまんするべきだ」は、半数に少し届かなかったくらい。女子学生のほうが離婚に肯定的であることがうかがえます。「結婚でひどいめにあうのは、女性のほうに多い」と感じているからでしょうか。

さらに質問をしました。「配偶者が浮気をし、さらに続けるつもりであることがわかった場合、離婚したほうがいい」。これにＹＥＳと答えたのは男子の四一・五％、女子の四六・九％で全体の四五・四％、逆に「相手が浮気をしていることがわかっても、離婚はしないほうがいい」は、五四・六％です。

この数字の逆転を不思議に思った私がいくつか確認をしてみてわかったのは、「夫婦間の関係が悪くなったら離婚したほうがいい」と考えてはいるが、「浮気は容認するべきだ」「浮気くらいでは、離婚しないほうがいい」と考えている学生も、それなりにいたこと。つまりそれらの学生（全体の約五％）は、浮気程度で夫婦関係は冷めはしない、冷めないほうがいいと考えているのです。

学生と話をしていると、「確認はしていないが、うちの両親は浮気していたに違いないと確信している」という学生が少なくありません。そうした学生は、「夫婦が一生愛し合うのは無理であり、けれど最低限の信頼関係さえあれば、それなりに夫婦は続いていくもの」という実感を持っている
ようです。
それはともかく、このアンケートの数字（約半数が離婚容認派）を見て思ったのは、若者たちも意外とこの問題について保守的だということ。「夫婦関係が冷めても離婚すべきでない」と考えている学生にその理由をたずねると、アンケート対象学生の所属が教育学部だからでしょうか、「子どもがかわいそう」などの意見が少なくなく、「子どものために、夫婦は耐えるべき」といった案外保守的な考えが多いようでした。もっとも、ある学生がそのように答えると、即座に別の学生から「愛し合っていない夫婦に育てられるほうがかわいそう。だったら、離婚したほうがいい」という反論が出されましたが。
「バツイチ」「バツニ」といった言葉に象徴されるように、以前に比べると離婚もかなり身近に感じられるようになってきました。しかしまだまだ離婚に対する世間の否定的なまなざしは強く、それが離婚した夫婦やその子どもたちを自己否定的にさせてしまう場合も少なくありません。もう夫婦関係は完全に破綻しており、誰が見ても離婚したほうがいいように思われるのに、お互いの両親や知人にどう思われるかを気にして、離婚に踏み切れずにいる人も少なくありません。私の友人にも、何組か離婚したカップルがいますが「離婚はたいへんだ。結婚の何倍も」が共通の感想です。財産の問題、子どもの問題などに加え、精神的なプレッシャーも相当かかるようです。

自分の人生は自分で決める、自分で選ぶことの重要さがしばしば指摘されます。たとえば、小学校、中学校の進路指導でも、人生の自己決定・自己選択の力を育てることが重要であると説かれます。

私はこの、人生の自己決定・自己選択を認めるにあたって、その最も重要な前提として、「離婚し、再婚する権利」が認められなくてはならない、と思います。

離婚を「夫婦関係がどうしようもなくなった場合の最悪の選択」と考えるのでなく、「運悪く夫婦のマッチングが悪かった場合に、それに固執せず、新たに仕切り直すための前向きな選択」と受け止めることが、「自分で選ぶ人生」の不可欠の前提として、当然認められなくてはならない、と思うのです。

つまり、離婚は、転職同様、「新たに人生を仕切り直すための、前向きな選択」。離婚したからといって、決して自分を責め続けるべきではありません。

「このままでは夫婦はだめになるだけ」とわかりつつ、ずるずると関係を続ける夫婦がまだまだ少なくない中、離婚された方は、お互いの幸福のためにさまざまなプレッシャーに負けず、前向きな選択をなされたのです。むしろ自信を持っていいくらいです。もしチャンスがあれば、再度の離婚を恐れず、結婚にチャレンジしていただきたいと思います。

また、相手から一方的に離婚を宣告されたとしても、自信を失う必要はありません。

最近、熟年夫婦の離婚が増えているのは周知の通りですが、先日ある結婚相談所にうかがったところ、熟年離婚後、女性のほうは積極的にお見合いをし次のパートナーを探す方が多いのに対して、突然離婚を突きつけられた男性の側は、自信を喪失し、何もせずにいる人が少なくない、とのこと。「誰にでも人生を仕切り直す権利はあり、今回はたまたま、自分のパートナーがその権利を行使しただけのこと」と考えることが大切でしょう。

シングル・マザー

生涯独身や離婚に対する世間の見方が次第に柔らかくなりつつある中、まだなお、厳しい視線を浴びせられやすいのが、「結婚はせず、子どもを持つ」という選択を実行に移した女性、すなわちシングル・マザー。

もちろん、結婚していないカップルから生まれた子どももそれなりにはいますし、若い女性に聞くと「結婚はしなくてもいいから、子どもはほしい」といった考えもしばしば聞かれます。にもかかわらず、現実には、結婚していないカップルから生まれる婚外子の割合は、三〇年以上、一〜一・二％前後の数字が続いているといいます。「子どもには父親がいなければならない」という考えが根強く、そのために、シングル・マザーが少ないのだとすれば、まだまだこの国では、真に多様な生き方が認められているとはとても言いがたいことの証拠だと思います。また、この不況の中、ただでさえ収入の少ないシングル・マザーに対して何の経済的支援もなされておらず、その大半はパート収入による極貧の生活を強いられていることも、大きな圧力となっているようです。

日本に比べると、北欧をはじめ、欧米諸国では未婚女性の出生率がかなり高いようです。同棲しているカップルや一人暮らしの女性が子どもを産み、育てています。

日本で婚外子が少ない理由の一つを、未婚女性の大半が親元に住んでおり、そのため同棲して暮らしているカップルが少ないことをあげている方もいますが、これはたしかに一理あるでしょう。親と同居しながら、結婚していない男性の子どもを産むのは、さすがにプレッシャーがかかるでしょうから。

とはいえ、私の予感では、もうすぐこの国でも、未婚女性の出産が増えていくであろうし、またそうあってほしい、と思います。（もっともそのためには、子育て環境の整備やシングル・マザーの経済的支援の準備が急務ですが）。真に多様な生き方が認められる社会であれば、当然、そんな生き方を選ぶ女性も増えてくるはずだし、また、愛する人とのあいだにできた子どもであれば堕胎せず産んでほしい、と願うからです。また、今後、生涯結婚しない生き方を選択する女性も増えるであろうと予測される中、シングル・マザーが生きやすい社会にならなくては、少子化問題の解決もありえない、と思われます。

世間の無理解を恐れず、愛する人とのあいだにできた子どもを一人で産み、育てる。そんな女性の生き方に私は以前からある種の憧れを抱いてきました。自分が女性であれば、そんなふうに生きてみたい、と夢想したこともあります。

理由の一つは、太宰治『斜陽』の主人公、かず子の言葉に感動したからです。

飲んだくれの流行作家、上原と恋におちながら、ひとり、シングル・マザーとなって彼とのあいだにできた子どもを産み育てようと決意するかず子。『斜陽』は、「恋と革命のために生まれてきた」彼女が、ドラッグ中毒で死んだ弟の死体の後始末をした後、上原にあてた最後の手紙で締めくくられています。その中に次のような言葉があります。

「私は、勝ったと思っています。マリヤが、たとい夫の子でない子を生んでも、マリヤに輝く誇りがあったら、それは聖母子になるのでございます。私には、古い道徳を平気で無視して、よい子を得たという満足があるのでございます。」

「犠牲者。道徳の過渡期の犠牲者。あなたも、私も、きっとそれなのでございましょう。革命は、いったい、どこで行われているのでしょう。すくなくとも、私たちの身のまわりにおいては、古い道徳はやっぱりそのまま、みじんも変わらず、私たちの行く手をさえぎっています。海の表面の波は何やら騒いでいても、その底の海水は、革命どころか、みじろぎもせず、狸寝入りで寝そべっているんですもの。けれども私は、これまでの第一回戦では、古い道徳をわずかながら押しのけ得たと思っています。そうして、こんどは、生れる子と共に、第二回戦、第三回戦をたたかうつもりでいるのです。こいしい人の子を生み、育てる事が、私の道徳革命の完成なのでございます。あなたが私をお忘れになっても、また、あなたが、お酒でいのちをお無くしになっても、私は私の革命の完成のために、丈夫で生きて行けそうです。……私生児と、その母。けれども私たちは、古い道徳

とどこまでも争い、太陽のように生きるつもりです。」（太宰治『斜陽』新潮文庫）

うーん、かっこいい。潔い。

昭和二二年、つまり戦後間もないこの時代にあって、人々がいっせいに民主主義や共産主義、「人はみな同じものだ」という平等主義を表層的に唱え始めていたとき、太宰はそこに、欺瞞の匂いをかぎとり、本質的には何も変わらないことを見て取って、こう言ったのです。そして、単に観念的ではない、魂の底からの「道徳革命」の具体的な姿を、いかに世間から認められなくても「こいしいひとの子を生み、育てる」というそのことに見いだすのです。

さて、この作品が書かれて五五年が経ちました。人々を縛っていた道徳の鎖は、ある意味ではずいぶん、緩やかになり、ある種の思想の持ち主からは国民の道徳の腐敗がこの国をだめにしたと糾弾されるまでになりました。たしかに、私たちの今の生活は、終戦直後のこの時代に比べると、ずいぶん楽になりました。

しかしどうでしょう。このシングル・マザーの問題一つとってみても、日本人の道徳性は、その悪しき部分では、いまだにまったく変わっていないと感じた方も少なくないのではないでしょうか。「人はみな、同じでなくてはならない＝すべての子どもには、父親と母親がそろっていなくてはならない」といった硬い観念に縛られて、愛する人との子どもを堕胎する女性は少なくないでしょう。

そして、この「人はみな、同じでなくてはならない」という硬い観念こそ、不登校の子どもやひきこもりの若者を苦しめている観念と同じ正体のものであり、生涯独身で生きていこうとしている方を理不尽に責めたてる観念と同じ正体のものなのです。「私たちの身のまわりにおいては、古い道徳はやっぱりそのまま、みじんも変わらず……海の表面の波は何やら騒いでいても、その底の海水は、革命どころか、みじろぎもせず、狸寝入りで寝そべっている」というかず子の言葉は今の日本にもまったく変わらず当てはまるのです。「みんな同じ」という観念が支配的な圧力を持つこの国では、「みんなと仲良くでき、協力できる人」「仕事をし、結婚し、子どもを育てる人」だけが、その「同じみんな」として認められるのであり、そうでない人は無言のうちに、この社会のマイノリティ（少数派）として孤独に生きることを余儀なくされてしまうのです。

ひとりじゃいられない症候群

私はこれまで、こう述べてきました。

不登校の子やひきこもりの若者は、世間の目を気にしすぎて、「みんなと同じではない」自分を責めてしまっている。世間の目から自分を解放し、自分を受け入れよ。

生涯独身者も、離婚経験者も、シングル・マザーも、何ら自分を恥じる必要はない。

パラサイト・シングルもフリーターも、自分の特権的地位をじゅうぶんに自覚して、胸を張って、自分の人生を創造していくがよい、と。

実際、これらの人々が、自分の孤独を引き受け、自分で自分の人生を選び、クリエイトしていこうと決意するならば、「みんな同じ」にすがって生きているマジョリティ（多数派）の人々よりも、ずっと輝きを放って生きていくことができるのです。

おかしいのは、ひとりになりたいと思っていたわけではないのに、なぜかいつの間にかひとりになってしまったこれらの人々のほうではない。そうではなく、むしろ、ひとりになれない人間たちのほうがおかしい。誰かと絶えずくっつくことにより、安心感を獲得し、誰ともくっついていない人間をことさらに排除しようとする。そちらのほうが、よほど変だ、おかしい、と私には、思えるのです。

携帯電話やメールで、絶えず友だちと「私たち、仲良し」「私たち、同じ」を確認し合っていないと落ちつかない女子高校生の文化など、その最たるものです。

先日、千葉大学の私の授業で「授業中に、メールのやりとりをしている人、怒らないから手をあげなさい」と指示したところ、一〇〇人中九九人が挙手しました。私がナメられていると言うべきか、何と言うべきか……。大学の授業中、私語が少なくなったのは、メールのせいだとよく言われますが、それにしても、これほどだとは。

高校、大学や、若い女性社員の勤める会社で、ランチをいっしょに食べる友だちがおらず、その孤独が耐えられずに、不登校（不出勤）となり、退学や退職に追い込まれる若い女性が少なからずいることは、既に指摘しました（ランチメイト症候群）。

このように、絶えず誰かと接触し続け、誰かと「私たち、同じ」を確認し合っていないと不安になってしまう現象を、ここではさしあたり、〝ひとりじゃいられない症候群（孤独嫌悪シンドローム）〟と呼ぶことにしましょう。

この症候群にかかっている現代の若者たちの最大の問題は、ひとりでいることができず、思春期・青年期の心の成長に不可欠な自己との対話がじゅうぶんになされないことです。絶えず、何かの刺激にさらされているから、自分自身を見つめることがない。むしろ、それをどこか強く恐れ、避けているところがある。最近の若者の多くが、どこか妙に子どもっぽく、成熟を拒否しているように見える原因の一端は、この孤独嫌悪＝〝ひとりじゃいられない症候群〟に、またそれを可能にしている携帯電話、メール、インターネットなどの、現代の社会環境にあると思われます。

多重恋愛と共依存恋愛

この〝ひとりじゃいられない症候群（孤独嫌悪シンドローム）〟が端的に影響しているのが、最近の若者たちの恋愛傾向です。

最近の若者たちの〝恋のかたち〟を類型化すると、①自分が傷つくのを恐れるがゆえ、どの恋愛にもハマれない、いずれ別れることを前提とした軽いノリの恋愛を繰り返すタイプ、②過剰にお互いを拘束し拘束され合い、その濃密すぎる関係の中ではじめて自分の存在感を確認しえているタイプ、の二タイプに大きく二極化しつつあるように思われます。

圧倒的多数を占めるのは、前者の〝どの恋愛にもハマれない〟タイプで、先日も、私のゼミのある容姿端麗な女子学生がこう嘆いていました。

「私は、どんなことにもハマれないんです。趣味も勉強も遊びも。恋愛もそう。今の彼氏はルックスもいいし、性格も価値観も合う。特にコレといって文句があるわけではありません。でも〝この人でなきゃ〟とは思えないんです。前の彼氏もそう。つきあい始めたときから、いずれその人と別れることを前提としている、というか……。今までつきあってきた人たちに特に魅力がないわけではありません。ただ、私はそういう恋愛しかできない。そういう恋愛しかしたことがないんです」

〝特定の人にのめりこめない〟――これは特に女子学生に限ったものではありません。特定の女性との関係に自己限定せず、次から次へと相手を変えていくいわゆる〝遊び人〟タイプの男は、かつてもいましたし、今もいます。

変わったのは、特に〝遊び人〟でもない、ごくごく普通の平均的な若い男女が、恋愛相手をきわめて短期間に次から次へと変えていくようになったこと。続いてもせいぜい長くて半年。短いと一～二週間、というのも珍しくなく「えっ、今度は半年も続いてんの！　ずいぶん長いじゃん」というわけで、大学や予備校、高校で教師をしている者の多くが若者たちの交際期間の短さに驚いているようです。

一～二週間しか、つきあわなくて果たして恋愛と言えるのか、と思われる方もいるでしょう。しかし、彼ら彼女らにとってこれは立派な〝交際〟。

では、どうしてそんなに短くなるのか、理由をたずねると、あまり好きではなかったり、お互い面と向き合うと、つらくなったりするからららしく、では、わざわざつきあわなくてもいいのでは、とたずねると、「誰かとつきあっていないと、不安になるから」。つまり、もともと、どうしても好きでつきあうわけではなく、さみしさを埋めるためにつきあうから、少し何かが合わないと、すぐに別れてしまう。ここらあたりに、どうやら本音が見え隠れします。

こうした傾向がさらに強いのが、二人、三人と同時に複数の異性とつきあう〝多重恋愛〟の若者たち。一見快楽主義的に見えますが、多重恋愛の網の目に絡まっている若者の多くは、ごく普通の真面目な学生たちです。

そして、彼ら彼女らがしばしば口にするのは「自分が傷つくのがコワイ」という言葉。特定の異性との関係に自己限定すると、相手を失ったときのダメージが大きい。それを避けたいから〝本命〟は決めず、同時に複数の異性と関係を持ち続ける、というのです。

〝不道徳〟の一言で片づけるのは簡単ですが、私はむしろ、その背後に、若者たちの痛々しいまでの〝傷つきやすさ〟を、そして、傷つきを恐れるがゆえにどんな人生の可能性にも自分を懸けることができない〝リスク回避の生き方〟が見て取れるように思います。

もう一方のタイプは、一見すると、多重恋愛とはまったくの逆パターン。二人だけの関係の中で、過剰にお互いを拘束し拘束され合い、その濃密すぎる関係の中ではじめて自分の存在感を確認しえているタイプです。

いわゆる共依存的関係に陥っているカップルですが、このタイプの恋愛関係にある人の少なからずが、関係に過剰な手応えを求めて暴力やリストカットなどの自傷行為に走ってしまいます。彼ら彼女らはそうした濃密すぎる関係の中にだけ〝ほんとうの自分〟がいると感じることができるのです。

もちろん、これはあまり健康な関係とは言えません。多くの場合、女性が「このままではだめになる」と気づいて、別れ話を切り出しますが、泥沼の関係性を断ち切るのは容易ではありません。このままでは自分がダメになると知りつつも、ついズルズルと引きずってしまうケースが多いようです。

ライト感覚の〝多重恋愛〟と過剰に濃密な〝共依存恋愛〟。

一見相反するように見えますが、いずれのかたちの恋愛にも共通するのが、①ひとりになること、孤独になることをひどく恐れ、その不安を打ち消すために目の前の関係にすがってしまう、②自分が傷つくのをひどく恐れ、恐れるがゆえに、傷つけ合ってしまっている若者たちの姿です。

ほんとうの意味で自分を大切にできる恋愛をするためには、まず、〝ひとりじゃいられない症候群〟から脱却し、ひとりになること、孤独であることを引き受けなくてはなりません。ひとりになって、自分自身の心と深く対話できる人だけが、他者とも（したがって異性とも）深く対話することができるということを身をもって知らなくてはなりません。多くの若者は、そうした恋愛を体験したあとはじめて、さみしさや不安を打ち消すための恋愛が、結局、双方を傷つけるだけに終始しがちなものであったということに気づくのです。

第二章　孤独であるための八つの条件

　前の章では、孤独をめぐる現代のさまざまな現象をとりあげ、そこに潜む肯定的な意味に焦点を当ててきました。一般に、否定的に捕らえられがちな孤独にまつわる諸現象をより肯定的な視点から見直す、ものの見方を提案したのです。

　孤独は、たとえ最初は否応なく孤独に〝なってしまった〟のだとしても、それをきっかけに、今までの自分に別れを告げて、新たな自分へと生まれ変わることのできる、人生の重要な転換点になりうるものだからです。

　さらに言えば――これからこの本では、そちらを中心に話を進めていくのですが――孤独は、これからの時代においては、そう〝なってしまう〟否定的な現象などではなく、現代をタフに、しなやかに、豊かに、クリエイティブに生きていくために必要となる積極的な〝能力〟である、とさえ、私は考えています。

　これからの時代、〝忙しさ〟が充実した人生の基準であったような時代は、もう終焉を迎えると思います。〝忙しさ〟を物差しとするものの見方は、モノの豊かさに、人生の充実の尺度を求めていた時代の名残のものの見方にすぎないからです。つまりそれは、より多く、より速く、といった、物質的な基準に即したものの見方なのです。

既に最近の若者たちのあいだにそういった感性は芽生えつつあるように感じますが、「忙しい」こと、とりわけ忙しすぎることは、決してよいことではなく、スケジュール管理に失敗した証として、むしろ、恥じるべきことなのです。

私はあえて断言しますが、忙しいこと、人づきあいが多いことなどは、どちらかというと〝浅い〟人生を表すものとしてあまり好まれなくなる時代が、もうしばらくすると、やってきます。〝多さ〟〝広さ〟〝速さ〟といった物差しは、人生の価値の尺度としてどんどん見放されていき、むしろ、人生の〝浅さ〟を示すものと受け取られるようになるでしょう。そうした、水平次元の価値尺度は急速に価値の下落を起こしていくはずです。

それに変わって登場するのが〝深さ〟の次元です。そして、〝深さ〟の次元が人生の価値尺度として重要視されるとき、不可欠となるのが、孤独になる能力、充実した孤独、豊かな孤独をエンジョイできる能力です。

そうなると、どうやって孤独な時間を確保するか、孤独になり自分の心と対話し、想像をめぐらすような時間をどう豊かにするかが、人生を豊かに生きていくために必須のものとして認識され始めるはずです。〝深さ〟の次元で充実した人生を送るためには、孤独の能力がどうしても、不可欠となるのです。

もうすぐそんな時代がやってくるはずだし、やってこなければ、成熟社会における日本の未来はない、と思います。しかし決して憂慮はしていません。最近の若者たち、特にフリーター志望の若者たちの、決してがっつかない生き方を見ていると、既にこうした方向に生き方のモデルチェンジがおこなわれつつあると感じるからです。

つまり、孤独になる能力、想像力を駆使して孤独をエンジョイできる能力は、これからの時代に適応しつつ豊かにタフに生きるための必須アイテムなのです。

しかし、ただ、ボーッとしていても、孤独がそうした積極的な意味を持つわけではありません。では、どうすればいいか。

この章では、充実した孤独を手にするには何が必要か、その八つの条件をあげていきます。孤独がそのような、積極的な意味を持ちうるためには、ある一定の〝条件〟を満たすことが必要。そのような孤独のみが、そうした肯定的な意味を持つようになるのです。

では、孤独が〝肯定的な孤独〟となるために必要な〝八つの条件〟とは、どのようなものでしょうか。

さっそく、紹介しましょう。

——一「わかり合えない人とは、わかり合えないままでいい」と認める勇気を持て。

——二　人間関係についての「歪んだ思い込みやこだわり」に気づけ。

三　自分の人生で「ほんとうに大切な何か」を見つけよ。
四「自分は間もなく死ぬ」という厳然たる事実を見つめよ。
五「たった一つの人生という作品」をどうつくるか、絶えず構想しながら生きよ。
六　ソーシャルスキルを身につけよ。他人の話を聴き、他人を認めよ。
七「この人だけは私を見捨てない。どこかで見守ってくれている」。そう思える人を見つけよ。
八　自分だけは自分の味方であれ。「自分を見守るまなざし」を自分の中に育め。

以下では、この八つの条件のそれぞれを解説していきます。
まず最初は、これです。

第一の条件――「わかり合えない人とは、わかり合えないままでいい」と認める勇気を持て。

〝みんなから理解されたい〟という気持ちを捨てること。
〝理解してくれる人だけ、理解してくれれば、いい〟
〝わかり合えない人、わかってくれない人は、そのままでいい〟
〝わかり合える人とわかり合え、ふれ合える人とふれ合えれば、それでいい〟
という強い信念を持つこと。

――必要ならば、人とのつながりを諦めたり、断ち切ったりする勇気を持つこと。

余分な人間関係、無理な人間関係やつきあいを「捨てる」勇気を持つことこそが、人生をタフにさわやかに生きていくために必要なものなのです。

そんなこと、わかりきっている、そう思えれば苦労はしない、と思われた方もいるかもしれません。

そうです。人から理解されないことを恐れなくなりさえすれば、何もこわいものはありません。「わかり合える人とだけ、わかり合えればいい」「ふれ合える人とだけ、ふれ合えれば、それでいい」そんなふうに割り切ることができれば、人とのつながりを諦めることができれば、生きることがどんなに楽になることか。そう思われた方も多いでしょう。

孤独になれない人、人の輪から外れることを恐れている人、そして、今、実際に孤独なのだけれど、「こんな自分は変なのではないか」と自分を責めている人、そうした人に最も欠けているものの、手に入れたくても入らないものが、この勇気なのです。

少し前に、『〈捨てる!〉技術』という本がベストセラーになりましたが、あの本があれほど売れるということ自体、モノを捨てることができない人が多いということ。

人間関係に悩んでいる人の多くは、モノを捨てることができない人同様、人間関係に余分な執着心がある人。人間関係に余分な執着があり、〝捨てる〟勇気を持つことができない人なのです。

では、なぜ、そのような勇気を持つことができないのか。

「わかり合える人とだけ、わかり合えれば、それでいい」と割り切ることができないのか。

それは、その人の心の奥深くに、失愛恐怖、人からの愛を失うことに対する強い不安と恐怖があるからです。あるいは、〝見捨てられること〟に対する不安や恐怖がある、と言ってもいいでしょう。

それではなぜ、失愛恐怖や見捨てられ不安が生まれてくるのか。

多くの心理学者は、ここで、その人の生育史に焦点を当ててその原因を探そうとしていくことでしょう。たとえば、この人は夫婦喧嘩の絶えない不安定な家庭に育ったから、人からの愛を失うのではないか、とおびえるようになったのだ、とか、この人の母親は、子どもに絶えず厳しい要求を課し続け、それができないと「こんなこともできないなんて、お前なんか、私の子どもじゃない」などと脅されてきたものだから、いつか人から見捨てられるのではないか、と絶えず不安にかき立てられるようになったのだ、とかと、過去の家族関係や育てられ方に原因を探そうとするのです。

しかし、私はここでは、親子関係や家庭の問題、生育史などにその原因を求めようとは思いません。

もちろん、カウンセリングや心理療法の場で出会うような、強い見捨てられ不安のために、生活に何らかの支障を来しているような場合、私たちも過去の親子関係や家庭環境などに焦点を当てて、聴いていきます。

しかし、人から見捨てられるのがこわい、だからひとりでいられない、というのは、日本人にとって、ごくごく一般的な心理です。

今の日本、とりわけ学校社会は、いつも見捨てられることに不安を感じていないと、うまく適応できないようになっています。それも、教師から強要されてというのではなく、友だち集団、仲間集団から絶えず強い圧力（同調圧力＝ピアプレッシャー）をかけられ、その仲間と同質でなくては、安定した学校生活を送ることができないような状態に追い込まれているのです。

つまり、日本の社会システムに適応するには、見捨てたり、見捨てられたり、仲間から外したり外されたり、といった、相互評価の網の目の中にうまく同調していくことが必要で、多くの子どもたちは、学校生活の中で、とりわけ友人たちとの関係の中で、その微妙な空気を読み取り、それに同調していく能力を育んでいくのです。

したがって、どんな人の中にも、ある程度の見捨てられ不安があるのは当たり前のこと。問題なのは、それが過剰にすぎる場合です。

そして、それが過剰に強い人の場合、多くは、「人から見捨てられたら、たいへんだ」とか、「仲間から外されると、たいへんなことになる」「ひとりでは、とてもやっていけない」といった、偏った信念を潜在的に抱いていることが少なくないのです。

つまり、人間関係についての、非常に偏った、不自由な信念を無意識のうちに抱いていて、その無意識の信念のためにとても臆病になったり不安になったりし、自分をますます追い込んでしまっているのです。

このように、人間のさまざまな捕らわれや苦しみの背後には、ある偏った歪みのある無意識の信念が存在している場合が多く、その捕らわれから自由になるためには、まず、自分がどんな歪んだ信念を持っているかに気づき、意識しておく必要があります。

そのため、カウンセリングや心理療法の新しいアプローチのいくつかは、この無意識の信念に着目し、それを意識化し、検討していくことを大切にしています。

その最も代表的なものが、論理療法（ラショナル・エモーティブ・ビヘイビアル・セラピィ）です。創始者のアルバート・エリス博士は、人間の多くの悩みの源泉は人々が知らず知らずのうちに抱いている、非合理的な、つまり理にかなっていない歪んだ信念（イラショナル・ビリーフ）である、と考えました。そしてそれを意識化し、吟味していくことこそセラピィの中心作業であるべきだ、と考えたのです。

見捨てられ不安を抱いていたり、孤独になることに不安を感じる人は、人間関係についての非合理的な信念を抱いているから、そうなるのだ、というわけです。

そこで、二番目の条件。

第二の条件――あなたが、人間関係について暗に抱いている「歪んだ思い込みやこだわり」に気づけ。

自分が人間関係についてどんな信念を抱いているか、意識化せよ。

人間関係について、どんな勝手な思い込みを抱き、それに捕らわれているかを自覚せよ。たとえば、「人から見捨てられたら、たいへんだ」とか、「仲間から外されると、とてもみじめだ」とか、「ひとりでは、とてもやっていけない」といった思い込みを抱いていないだろうか。これらはすべて、非合理的な思い込みである。

そしてそれに気づいたら、自分の思い込みに徹底的に反駁せよ。


多くの人は、自分がそのような歪んだ思い込みに捕らわれているとは、当然、思っていません。つまり、無意識に信じ込まれている、身体化されている、と言ってもいい。だからやっかいなのです。

人が意識的に選択している信念であれば、それが歪んだものであると気づけばすぐに修正することもできるでしょう。しかし、無意識に信じ込まれ、身体化された信念の場合、本人もそれに気づいていないからこそ、それにコントロールされてしまうのです。

このような、密かに信じ込まれ身体化された信条を、微かな身体の反応に着目することで発見していこうとするアプローチに、ハコミ・セラピィという新しい心理学があります。

このアプローチでは、たとえば、座っている状態から、ゆっくり、ゆっくり立ち上がっていく、その動作を静かに繰り返しながら、自分の身体にどんな変化が生じるか、ていねいに意識を向けていきます。

座って小さくなっている状態から、徐々に立ち上がり、大きくなっていく。このような動作をとっただけで、途中で身体がビクッと反応し、何だか何者かにその動きを遮られ、押さえ込まれているような感じを覚えることがあります。そのときの感じをていねいに味わいながら、その動作を繰り返していくと、中学のときの同級生たちの顔が浮かんできて、「目立つんじゃない」「自己主張しちゃ、だめなんだよ」「じっとしてろよ」といった声が浮かんでくるかもしれません。

こうした体験を持つ中で、ある人は、次のようなことに気づくかもしれません。「そうか、私は、〝目立ったり、自己主張したりすると、仲間から白い目で見られて、たいへんなことが起きる〟という信念を無意識に抱いているんだ。だから私は、ほんとうはそれはおかしい、もっとこうすべきだ、と思っていても、自分の考えは言わずに、まわりに波長を合わせていく癖がついてしまっている。そして、このような歪んだ信念を私が持つに至ったのには、どうやら中学生のとき、あのグループからひどい目にあって押さえ込まれた、あのいやな体験が影響しているようだ……」。

そのようにして、自分がどのような非合理的な思い込みに捕らわれているかに気づくだけでも、そうした思い込みにあまり左右されすぎなくなります。

もっといいのは、そうした思い込みに気づいたら、それをより合理的な考えに〝書き換える〟ことです。いかに強固な思い込みであっても、それがしょせん、後天的に、つまり人生の中で学習されたものである限り、〝書き換え〟可能なのです。

たとえば、「人から見捨てられたら、たいへんだ」とか、「仲間から外されると、とてもみじめだ」といった思い込み。これも、ある一面では真実なのですが、あまりに強固に信じすぎると、百害あって一利なしです。人はしばしば、こういった否定的な言葉を絶えず自分自身に語りかけることによって、ますます不安をかき立てられてしまうのです。

これをたとえば、「人から見捨てられたり、仲間から外されたりするのは、たしかに、つらいことに違いない。しばらく、落ち込むのが普通だろう。しかし、だからといって、やっていけないわけではない。たとえ、人から見捨てられたり、仲間外れにされたとしても、自分さえ自分のことを見捨てなければ、そして自分で自分のことを信じてさえいれば、何とか前向きにやっていける。そうやって、つらい場面をしのいでいれば、そのうち、また誰かから認められるだろうし、違った仲間もできるだろう」とでも〝書き換え〟うるなら、そちらのほうが、ずっと合理的です。

あるいは、「ひとりでは、とてもやっていけない」という思い込み。こういった言葉を心の中で絶えず自分に語りかけているから、人間関係で拒否されることにいつも不安を覚え、ビクビクしながら生きていくことになるのです。

これも、「仲間といっしょにやっていければたしかに楽しいだろうし、それにこしたことはない。しかし運悪く、いっしょにやっていく仲間が近くにいないことも人生ではあるだろう。そんなときは、ひとりでやっていけないわけではない」といった考えに〝書き換え〟たほうが、ずっと理にかなっています。

論理療法流に言えば、人が無意識のうちに抱いてしまう、非合理的な信念（イラショナル・ビリーフ）を、合理的な信念（ラショナル・ビリーフ）へと、〝書き換え〟ていくわけです。

では、人間関係について、どんな信念がラショナル・ビリーフ、つまり、理にかなった信念かというと、人と人は出会えばそれでよし、出会えなければ仕方なし、わかり合えればそれでよし、わかり合えなければそれで仕方なし、とする姿勢で生きることです。人間関係は、本来、人為によっては操作不可能な〝ご縁〟によって成立するもの。この法則に逆らって特定の人間関係に固執してしまうと、その本来の在り方から逸れていってしまうのです。

ところで、このような、人間関係についての合理的な信念を見事に表現した詩があります。ゲシュタルト療法の創始者として、一九六〇年代にアメリカ西海岸を席巻した人間性開発運動（ヒューマン・ポテンシャル・ムーヴメント）においてカリスマ的役割を果たした、フレデリック・パールズのつくった詩です。

ゲシュタルトの祈り

わたしはわたしのことをやり、あなたはあなたのことをやる。
わたしはあなたの期待に応えるために、この世にいるわけではない。

あなたはわたしの期待に応えるために、この世にいるわけではない。

あなたはあなた、わたしはわたし。

もし偶然にお互いが出会えれば、それは素晴らしいこと。

もし出会わなければ、それはそれで仕方がないこと。


実に実に、人間関係の真実を的確に突いた表現だと思います。

このような姿勢で生きることができれば、また、このような姿勢でいつも人とかかわることができれば、どんなに素敵でしょう。

どんなにさわやかな気持ちで生きていくことができるでしょう。

あなたも一日に一度、口ずさんでみては、いかがでしょうか。

第三の条件――自分の人生で「ほんとうに大切な何か」「どうしても、大切にしたい何か」を見つけること。

孤独は、あなたが自分の人生で〝ほんとうに大切な何か〟と出会い、それに気づくために必要なものである。

だから、孤独においては、心を開いて生きること。

大切なものは大切と、認めること。

――あなたを魅了する何かに、しっかり魅了されること。

何かに、取り憑かれてしまうこと。


これは、孤独であるための前提条件のようなものです。

人が孤独になる必要があるのは、孤独そのものに価値があるからではありません。

孤独というのは、一つの状態です。

その状態そのものが目的となるとき、本末転倒が生じます。

孤独になるために、孤独になる。孤独を愛するがゆえに、孤独になる。

これでは、単なる孤独愛好者で、生き方の趣味の問題にすぎません。

私たちが、孤独になる必要があるのは、私たちにとって大切な〝何か〟のため、私たち自身にとって大切なその〝何か〟を守るためです。

それが何であるかは人それぞれ異なるでしょう。

しかしその〝何か〟があるからこそ、人はそれを大切にするために孤独にならなくてはならないのです。

つまり、人は、孤独にならなくてはその〝何か〟を大切にできないから、孤独になるのです。

「私は、この仕事をどうしても、なしとげなくてはならない」。このような強い人生の使命感、この人生における自分のミッションに気づくことができた人は、タフな心を持つことができます。それをなしとげるためには、ささいな人間関係のしがらみなどにかかずらわってはおれないから、それを捨てる勇気も出てくるのです。

「私は、この恋だけは、どうしても手に入れたい。あの人といっしょになれるなら、すべてを捨てても、かまわない」。そんな情熱的な恋愛のただ中にいる人も、たとえそれが肉親とのつながりであっても捨てるだけの、勇気を持つことができます。

そのような具体的な何かでなくても、かまいません。

たとえば、「私は、週に何日かは、静かに自分の心と対話をする時間が必要だ」。こんな理由から、余分な人間関係をカットすることもできるでしょう。

逆に言うと、孤独になれない人は、世間とのかかわりや、しきたりや慣例、しがらみに捕らわれているうちに、自分にとってほんとうに大切なその〝何か〟を大切にできなくなっている人。場合によっては、それがあったことすら、忘れ去ってしまっている人です。

自分にとって何がほんとうに大切かがわかっていない人、自分にとって何が大切で何が大切でないか、その価値のランクづけができていない人、と言ってもいいでしょう。

「忙しいんだから、仕方ないだろう」と人にも自分にも言い訳をして、何か大切なものに心を閉ざしてしまっている人かもしれません。

しかし、こんなふうに書くと、こう言いたくなる人もいるかもしれません。

「私は、別に何か大切なものがあって、それで孤独になったのではない。そうではなく、人から嫌われ、疎んじられ、それで仕方なく、孤独になってしまったのだ」と。

たしかに、多くの人はみずから好きこのんで孤独になったのではなく、仕方なく、否応なく孤独に追いやられてしまったのでしょう。

しかし、そのように後ろ向きにものごとを考えるから、孤独が苦しくなってしまうのです。孤独が地獄になってしまうのです。

せっかくこの本を手にしたのですから、〝こんなふうに考えれば、孤独がいいもののように思えるかもしれない〟という、その考え方を試してみてください。

今、孤独なあなたは、実際、自分にとって大切な何かを見いだせないままでいるかもしれない。自分の心を魅了する何かを見いだせないままでいるかもしれない。

しかしそれは、あなたの心が、本来はもっとどうでもいい、別の何か、たとえば他者の視線が気になるとか、世間の目が気になる、といったことに、すっかり捕らわれて不自由になっているからかもしれません。

孤独になってしまった自分を否定する、自分を責める、そんな気持ちに支配されてしまっているからかもしれません。

けれど考えてほしいのは、あなたは、孤独になる以前から（もちろん今のように強くはなかったでしょうけれど）そのように、他者や世間の視線を気にして、自分を責めてはいなかったでしょうか。そしてそのために、多大なエネルギーを費やして、自分にとってもっと大切なほかの何かを見失ってはいなかったでしょうか。

こう考えてみてはどうでしょう。

あなたは、ほんとうにあなたにとって大切な〝何か〟を見失ってしまっていた。その〝何か〟を見つけるために、あなたは孤独に追いやられたのだ、と。

そんなふうに、自分の孤独に対するものの見方を転換することです。

そして、その〝何か〟に出会うことができたときに、それがそれとわかるよう、心をオープンな状態に保っておくことです。

出会うべき何かに出会っても、それと気づかず、やりすごしてしまうことによって、大切な何かを見失ったまま生きていってしまう。私たちの人生では、よくやってしまうありがちなことです。

恋愛だって、そうですよね。あとで気づけば〝あの人だったんだ。私が出会うべき人は〟と思えることは、しばしばあります。

そんなことにならないよう、心をオープンな状態に保つこと。

心を開いて生きること。

そしてその〝何か〟に出会えたら、その〝何か〟に心をすっかり奪われてしまうこと。心を魅了されてしまうこと。

その大切な何かに取り憑かれたように、それを追い求めること。

つまり、何かにすっかり〝ハマッて〟しまえること。

そんな構えで生きていくことが、充実した孤独を生きていく上で何より大切なことの一つです。

「私は、もう、取り憑かれてしまった」。そんなふうに思えるほど、大切な何か。場合によっては、自分よりも大切な何かにめぐり合うこと。

そのためになら、ほかの、どんなものでも捨ててもかまわないと思えるほど〝大切な何か〟が見つかった人。

そんな人は、実にタフに生きていくことができます。

自分にとって何がほんとうに大切かがよくわかっている人は、逆に言うと、何があまり大切でないかもわかっている人です。必要ならば余分なものを捨てて、思い切りのいい人生を歩むことができる人です。

何がほんとうに大切かを知り、それ以外のものは、思い切りよく捨てることができる。実はこれが、しあわせになるための近道の一つです。

〝ほんとうに大切なもの〟を持っている人は、そのためになら、裏切られても、ひとりになっても生きていくことができる、タフな人なのです。

では、この〝ほんとうに大切なもの〟を発見できたらば、どうするか。

あとは、とことんそれをやり抜くこと、どこまでも進むことです。

自分にとって大切なもののために、とことんやり抜くことが、孤独に耐える精神を鍛える。ひとりでも生きていける自信につながる。

このことは、わが国の個人主義の古典、『私の個人主義』の中で、あの夏目漱石が言っていたことなのです。

「……何かに打ち当たる迄行くという事は、学問をする人、教育を受ける人が生涯の仕事としても、或は十年二十年の仕事としても、必要じゃないでしょうか。ああここにおれの進むべき道があった！　ようやく掘り当てた！　こういう感投詞を心の底から叫び出される時、あなたがたははじめて、心を安んずる事が出来るのでしょう。容易に打ち壊されない自信が、その叫び声とともにむくむく首をもたげて来るのではありませんか。」（夏目漱石『私の個人主義』）

まったくその通り。さすがは漱石、と言うべきか。

自分にとってほんとうに大切なことのために、とことん打ち込む。どこまでも打ち込む。結果はどうあれ、このことほど、人生で自信につながることはありません。

「俺はあそこまでやり抜けた」――そうした思いが、揺るぎない自信につながり、安心して孤独でいることのできる自分につながるのです。

第四の条件――「自分は間もなく死ぬ」という厳然たる事実をしっかり見つめよ。絶えず、死の地点から、人生を捕らえる視点を持て。

「自分もいつかは死ぬ」「もしかすると、間もなく死んでしまうかもしれない」という厳しい現実。この現実から目を逸らすな。

むしろ、それを直視して、人生のゴールの地点から人生全体を見つめ直す視点を持て。

すると、自分にとってほんとうに大切な何かと、そうでないもの（捨ててよいもの）とが、はっきり違って見えてくるから。

先に私は、こう言いました。

孤独が必要なのは、孤独そのものを愛するためではない。孤独を愛好するがゆえの孤独は、マゾヒスティックな孤独であり、意味がない。

孤独は、本来〝～のための孤独〟であるべきだ。

自分には、どうしても大切な何かがある。そしてその何かのために、しなくてはならないことがある。

こんな思いに駆られたとき、人は、それまでの〝しがらみ〟を断ち切って、孤独になるのだ。ある意味では窮屈だけれど、ある意味では心地のいい、日本的な人間関係を断ち切ることができるのは、この〝どうしても大切な何か〟があればこそ、なのである、と。

では、どうすれば人は、自分にとってどうしても大切な、この〝何か〟に気づくことができるでしょうか。

人が、自分にとってほんとうに大切な何かと、それと比べればより相対的な重要さしか持たない何かとの違いをハッキリと意識するその具体的な契機には、何があるでしょうか。

私は、それは〝死〟だと思うのです。

もし、死がなければ、つまり、人間が不死の存在であれば、人はいかなることでも先送りすることができます。いつかおこなおうとその予定を無限に先に延ばすことができるのです。

いいや、もし人が永遠に死なないのだとしても、あることをおこないうるのは、今しかない、ということはよくあるし、さらに厳密に言えば、〝まさにそのこと〟を〝この私〟がおこないうるのは、今という瞬間をおいてほかにない（なぜならば、〝私〟という存在は時々刻々と変化しつつあって、その意味で、〝私〟は絶えず死につつあるし、新たに生まれつつもある。〝今・この瞬間の・この私〟は二度とやってこない。したがって、今、それをやらなくては、〝今・この瞬間の・この私〟がなしうる質とレベルにおいてそれをなすチャンスは永遠に失われてしまうことになる）のです。

しかし、この、何かをなしうる機会の喪失、という点で言えば、死という契機はあまりに決定的であって、死において、私たちが何かをなしうる機会は決定的に、かつ、永遠に失われてしまうのです。

このことを最も端的に教えてくれたのが、マルティン・ハイデッガーという哲学者です。ハイデッガーの〝死〟についての考えをここでていねいに紹介し始めると、それだけで数十ページも必要になってしまうのでそれはやめますが、ここでそのポイントだけ述べておくと、ハイデッガーによれば、人は〝死に対する先駆的な決意〟つまり、自分がいつかは死ぬ、もしかすると明日、いや今日にだって死なないという保証はないのだということをリアルに自覚するならば、その人自身の〝本来の可能性〟に気づくことができる。つまり、その人は、本来こうありうるはずだという、その姿に立ち返ることができる、というのです。

そしてここが大切な点なのですが、ハイデッガーが言う〝本来性〟はドイツ語でEigentlichkeit、別の意味として〝固有性〟という意味もある言葉だ、ということです。

つまりハイデッガーが、人は死へと先駆的に決意して、自分はいつ死ぬかわからない存在なのだということをリアルに自覚するときに自分の本来の可能性に気づく、というとき、それはまた同時に、自分だけの、ユニークな、固有の可能性に気づく、ということを意味してもいるのです。自分が本来そうあるはずの自分になって、何かをなすとき、それは自分という存在にとってきわめてユニークなものであるはずだ、ということです。

ハイデッガーはさらに、死についての実存論的分析をおこない、死は、①追い越すことができない。死を先にすませておいてほかに何かに取り組む、ということはできない。②死は交換不可能である。つまり、お前代わりに死んでおいてくれ、ということはできない。そして、③死において人は決定的にひとりである。誰かといっしょに死ぬということはできない。たとえ無理心中のような場合でも、死のまさにその瞬間においてはひとりになって死んでいく、と、死というものの本質的特徴を細かに分析しています（『存在と時間』）。

つまり、人は、たったひとりで自分はいずれ死ぬ、間もなく死ぬ、という厳しい現実に向き合わなくてはならない。しかし、それができたとき――一般論としてではなく、まさにこの自分が、間もなく死に、すべての可能性が奪われるのだ、ということをまざまざと自覚するとき――人間という存在にとって〝時間〟という契機がいかに決定的なものであるかがわかる。死という〝人生のゴール地点〟に前もって立つことによって、はじめて〝人生という時間〟をトータルに捕らえることができる。そしてそうすれば、自分にとって本来の可能性、つまり、自分が本来そうあるはずの生き方をしていればそれをなしているはずだ、と思えるものと、そうではないもの、相対的な重要性しか持たないものとの区別がハッキリとしてくる、というのです。

私は、このハイデッガーの考えに大賛成です。

自分はいつ死ぬかわからない存在である。

もしかしたら、間もなく死んでしまうような、はかない存在である。

このことをまさに自分のこととして、リアルに自覚した場合、人の生き方は、大きく二つに分かれるように思います。

一つは、その現実のあまりの厳しさを受け止めかねて、どうせもうすぐ終わりさ、人間なんてはかない存在さ、と投げやりな人生態度に走るケース。

もう一つは、その厳しい現実にきちんと向き合いながら、今・この瞬間を、二度と戻ってこないかけがえのないものとして、大切に生きていくケースです。

そして後者の場合、人は、何がほんとうに大切なものか、それをやっておかずに死んでしまったら後悔するであろうような大切なことか、他方、何がほんとうはあまり大切ではないものか、を識別しながら、生きていこうとするでしょう。余計なことに割く時間はないことがわかるので〝ほんとうに大切なもの〟だけに全力を注いでいこうとするのです。

しかし、どうでしょう。

もし、日本のサラリーマンや主婦の多くが、「自分はいつかは死ぬ。もしかすると、もうすぐ死ぬ」という厳しい現実ときちんと向き合ったとすると、ほとんどの人は、自分がいつも目の前の〝なすべきこと〟にかかりきりになっていて、自分が本来それをすべきであったのかどうか定かではないことに人生の時間の大半を費やしてきたことに愕然とするのではないでしょうか。

死を意識して生きる、とは言い換えると、時間の有限性を意識して生きる、ということでもあります。独自の孤独論を〈半隠遁〉という、これまた独自の言葉を使って展開している中島義道さんは、セネカの次の言葉を引用します。

「生きることをやめる土壇場になって、生きることを始めるのでは、時すでに遅しではないか。」

（セネカ、茂手木元蔵訳『道徳論集（全）』東海大学出版会）

何とも辛辣な！　中島さんは、これに続けて、次のように言うのです。

「一〇〇億年以上におよぶ宇宙の歴史において、この二〇世紀後半（引用者注、当時）に至ってたった一度だけ与えられた生命なのに、そしてあとは宇宙の終焉までいや永遠に何ごとかを感じたり考えたりするチャンスは与えられないであろうのに、このままアクセク働いて死んでしまうのだとしたら、なんともったいないことであろうか。

だが、まだ時間は残されている。『自分がたまたまこの地上に生まれてきてまもなく死んでしまわねばならない不条理』について考える時は残されている。『人生とは何なのだろう？　そして、ほんとうに死んだらどうなるのだろう？』それを探究する時は残されている。」（中島義道『人生を〈半分〉降りる』ナカニシヤ出版）

考えてもみましょう。中島さんも言うように、二一世紀の初頭に、せっかく、たった一度きりの人生を与えられたのです。そして、そのチャンスを逃せば、輪廻転生でもなければ、永遠にチャンスはやってこない。それほど貴重な人生の時間なのです。この時間に、〝本来自分がやるべき何か〟をしなくて、どうするというのでしょう。それを、仕事仕事だと時間に追われて、本来自分がどう生きるべきであったのか、考える時間も気力も奪われたまま生きるのは、何とももったいないことではないでしょうか。

多くの文化は「死を忘れるな（メメント・モリ）」と告げます。

「明日、死ぬもののように、今を生きよ」と言います。

これには、もちろん、一時一時を大切に生きよ、というメッセージが込められていますが、そればかりではなく、「人生というものは、本来どうでもいいものにかかずらわっていると、あっと言う間にすぎ去ってしまう。したがって、自分にとって本来ささいな意味しか持たないはずのものに、あまり捕らわれすぎるな。自分にとって本当に大切なものと、そうでないものとをよりすぐる目を持て」ということが意味されているのだと思います。

自分にとってほんとうに大切な何かに気づけるとは、言い方を変えれば、ほんとうは大切でないのにそうだと思い込んでいたものに気づき、気づいたら、それを捨てる勇気を持つ、ということです。捨てていかなくては、ほんとうに大切なことのほうができなくなってしまう。それほどに、人生の時間は短いのです。

埼玉に、帯津三敬病院というホリスティックな医療で有名な病院があります。西洋医学のみならず、気功、心理療法、絵画療法、漢方薬など、さまざまなアプローチを併用できる全人的医療をおこなっていて、私も自分が癌にでもなれば、ここにお世話になりたいと思っている病院です。

そこの帯津良一先生が以前、こう語っていたことがあります。

病気から奇跡的に回復する患者が時折いるが、そうした患者に共通の特徴は、死について語るのを恐れない点である。死についてみずから語り、死を自分の現実として受容している患者である、と。

そして、死を恐れている患者の多くは、実は、死ぬことを恐れているのではない。そうではなく、「自分の人生で、やるべきことはやった」という実感を持てないまま死ぬことを恐れているのだ、と。

「やるべきことはやった」と思って人生の最期を迎えたい。これが、多くの人の率直な気持ちでしょう。

第五の条件――自分だけの「たった一つの人生という作品」をどうつくるか、絶えず構想しながら生きよ。そのための想像力を駆使せよ。

「私は、孤独になっても生きていくことができる」

そんな覚悟をした人の多くが愕然とするのは、自分がこれまでどれほど、他人が敷いたレールの上を歩くような生き方しかしてこなかったか、です。

孤独な生き方、ひとりの生き方とは、お手本やモデルのない生き方。

したがって、ひとりになった人間に問われるのは、人生の構想力。

自分という人間が、一生をかけて、どんな〝人生という作品〟をつくるのか。「私は、どんな〝人生という作品〟を完成させるために、この世に生まれてきたのか。私が、この世に生まれてきたことの意味、そしてこれから、生きていくことの意味とは何か」――そんなふうに自分に問いかけながら、人生を構想していく力です。そしてその決め手となるのが、想像力。イマジネーションの力なのです。

人生の孤独を引き受ける、ということは、自分だけのユニークな生き方を実現できるようになる、自分で自分の人生をどうつくるか構想しながら生きていく、ということです。〝自分の人生の主人公〟になること、と言ってもいいでしょう。

しかし、これが日本人にとっては、なかなか難しい。

たとえば、既にかなり自由になっているはずの今の大学生たちを見ていても、たしかに〝自分に合った職場〟〝自分に合った会社〟を探している。就職したあともそうした志向性は続き、その結果、職を転々とする若者が多くなり、大学卒業後すぐに就職した若者の三割が三年以内に職を変えています。

これは一見、今の若い世代が、自分で自分の人生を多様な選択肢の中から主体的に選び取っているかのようですし、私も、この転職志向の高まりには基本的に賛成なのですが、若者たちと話をしていると、〝どこかに自分に合った職場があるに違いない〟と考えて職探しをしている、つまり、自分がうまくやれるかどうかを〝与えられる職場環境〟のせいにしている節があり、ある意味ではどこか非常に受け身的なのです。

大切なのは、自分で自分の人生という作品をどうつくり上げていくか、構想していく構えがあることで、職場はそれを実現するためにある、という姿勢で生きていくこと。これを欠いては、どこまでいっても〝私の人生の主人公は私〟という実感を持って生きていくことは困難であると思われます。

では、どうしてそうなってしまうのか。

根本的には、ハイデッガーも言うように、人には「世界から自己を解釈する傾向」が備わっている。つまり、まず世界のものの見方や感じ方になじみ、そちらのほうから自己を了解する。世間なみのものの見方で自分というものを理解し、世間なみの発想、世間なみの生き方しかできなくなってしまうのです。

このような傾向性は非常に根強く、したがって、長くまた深く、世間のものの見方になじんできた私たちにとって、そうした傾向から身を遠ざけようと思っても、なかなかできるものではありません。キッパリと断ち切ったつもりでいても、いつの間にか、かつてなじんだものの見方に吸い取られるようにしてそこに戻っていってしまうし、仮に世間なみのものの見方と距離を取ることができたとしても、では、これから自分がいったいどうすればいいのか、まったくわからない。何のモデルも指針もない、空白の状態に放置されるのが関の山なのです。

しかしこれは、産みの苦しみ、というもの。人生を、自分で構想する、という感覚を自分のものにしたい方は、次のようにして、人生を、キャンバスに描く一つの作品のように眺めてみてください。

「今から、人生という作品を、このキャンバスに描く。そのチャンスはたった一度だけ。二度とやり直しはきかないし、描かれた作品は、永遠に残り続ける」

そんなつもりでキャンバスを眺めながら、どんな〝人生という作品〟を描くか、イマジネーションを膨らませてみてください。

「自分がどんな作品を描きたいか」ではなく、「このたった一度、与えられた人生で、自分には、どんな人生という作品をつくり上げることが求められているのか」、そう自問自答しながら、自分に与えられた〝使命の感覚〟を大切にしながら、キャンバスを眺めつつ、構想を膨らませていってください。

人間に与えられているのは、人生という舞台の役者の役割だけではありません。

人生という舞台のシナリオ作家の役割――シナリオ作家が、一人ひとりの役者にどのような物語を演じさせるべきか、どんなキャラクターを与えることを求められているかを繊細に感受しながら、シナリオを描いていくように――私たち一人ひとりが、この人生でどんな役割を果たし、どんな物語を演じることを求められているか、その〝人生の見えないシナリオ〟＝運命の物語を感受し、それを読み取りつつ現実化していく、という高度な要求が課されているのです。

あるいは、こう言ってもいいでしょう。

一人ひとりの人間は、自分の人生のアクターであるだけでなく、プロモーターであり、ディレクターでもあることを求められている、と。

そのためには、絶えずイマジネーションを働かせ、自分の人生をどんな作品につくり上げていくのか、自問自答している必要があるのです。

第六の条件——さまざまなソーシャルスキルを身につけよ。とりわけ、他人の話を聴く力、他人を認める技術は必要。

「孤独でかまわない」「自分らしく生きていきたい」と決意し、他者への従属や世間への埋没から身を翻して、自分の足で一歩を歩み始めたとき、人は、かつてなかった輝きを放ち始めます。その人が本来秘めていた、その人固有の、個性的な魅力が光を放ち始めるのです。

するると、周囲の人を決まって駆り立てるのは、嫉妬心。こんなときこそ、余計な摩擦を起こさずにすむよう、人間関係に気を配りましょう。

もはや、あなたは、あなただけの、自分らしい人生を生き始めているのです。その大切な道

――を誰かに妨害されないよう、ちょっとだけ気配りをしましょう。

ここを読んで、「なぁんだ。結局、気配りが大切なんて言うんじゃない。孤独を奨励しておいて……」と思われた方も、いるかもしれません。

しかし、そうではありません。

私が勧めているのは、他者とのかかわりの中にありながら〝心の孤独＝ひとり〟の状態を保てる状態。「いざとなれば、私は、ひとりになっても平気。みんなから嫌われても、孤立してもかまわない。私にとって大切なのは、私の人生を生きること」という覚悟を決めており、したがって、それがゆえに自分らしい人生をのびのびと生きることができる生き方。そうした心の状態を保ちつつ、周囲の人のことも大切にできるのが、ベストに違いありません。

「私はひとりで、平気」と思い、その思いのままに、心に浮かんだことをそのまま口に出してしまっては、周囲とのあいだにかえって余計な摩擦を生んでしまいます。そしてその摩擦の解消に多大な時間とエネルギーを費やすはめになるのです。

せっかく手に入れた〝ひとり〟になれる生き方。誰にも邪魔されない、自分らしい心の空間。それを守るためにも、他者との関係に少しだけ配慮することが大切。中でも肝心なのは、「人の話を聴く」「人を認める」というソーシャルスキル（社交術）。人間誰でも、人の話を聴かされるより、自分の話を聴いてもらいたいものだし、いくつになっても、ほかの人から認めてもらいたいもの。

まわりの人間を気持ちよくすることが、自分の大切な心の空間を邪魔されないようにするための知恵。「攻撃こそ最大の防御なり」の精神で、他人からとやかく言われる前に、自分のほうから進んでまわりに気を配っておくことが、余計な人間関係の葛藤に巻き込まれないようにするための近道であると言えるでしょう。

第七の条件――ほんの一人～二人でいい。「この人だけは、私を見捨てない。どこかで見守ってくれている」。そう思える人を見つけておくこと。

人から見捨てられても、かまわない。私は、私の人生を生きていく。こんな姿勢を貫いて、アグレッシヴに人生を生き抜いていくために、必要なもの。それは、「この人だけは、いつも私を、どこかで見守ってくれている」。そう思える人の存在です。

「この人だけは、何があっても、私を決して見捨てない」「いざというとき、必ず私を守ってくれる。支えてくれる」

そんな人の存在を、どこかで感じているからこそ、強気の人生を送れるのです。

逆説的な言い方になりますが、この人生を孤独に生き抜いていくとき、どうしても必要なのが、どこかで自分を無条件に支え、見守ってくれている人の存在です。

「この人は、私を無条件で支えてくれる。私が、多少のヘマや失敗をして世間から見放されたとしても、この人だけは、私の味方になってくれる」

そう思える人の存在です。

この、無条件の支えがあるからこそ、それをバネにして、人は、ひとりで生きていくことができるのです。

ふだんはほとんど意識していなくても、〝私は、この人に無条件に支えてもらった〟という経験があり、実感があってはじめて、ひとりで生きていくためのふんばりが効くのです。

多くの人にとって、それは、両親であるかもしれません。それが、祖父母である場合もあるでしょう。恩師である場合もあるでしょうし、大学や職場の先輩や友人である場合も少なくないでしょう。

一人か二人でかまいません。「いざというとき、この人の前なら泣ける。助けを求められる」という人を得ていること。そして、つらくなったとき、時々、その人のことを思い浮かべることができること。このことが、孤独な人間にとって、どれほど支えになるかしれません。

場合によっては、既に他界している人であってもかまいません。まだ会ったことのない芸能人や作家、物語のキャラクター等でもかまわないでしょう。その人のことを心の中で思い浮かべ、〝心の中のその人〟と対話をするのです。

「あの人なら、こんなとき、どう言ってくれるだろう?」――そんなふうに心の中で思い浮かべることのできる、具体的な他者が存在すること。その人から、いつも、どこかで見守ってもらっている、という実感があること。

これが、ひとり、アグレッシヴに生きていくために、必要な支えとなってくれるのです。

第八の条件——自分だけは、自分の味方であれ。そのために、「自分を超えた地点から自分を見守るまなざし」を自分の中に育てよ。

いざとなれば、誰もわかってくれなくていい。すべての人に見捨てられてもいいから、自分の信じた道をゆく——そんな孤独な生き方を貫くには、自分だけは、しっかりと、自分の味方になってあげなくてはなりません。「俺だけは、お前の味方だ。何があっても、決してお前を見捨てない」——そんな視点を自分のうちに育んでいることができなくては、孤独にとても耐えられるものではありません。

しかし、この〝無条件に自分の味方になってくれる自分〟は、実はもはや、自分自身を超えた存在です。自分が自分を無条件に認めることなど、できはしません。自分を超えた地点から、自分のすべてを認め、見守るまなざし——この〝何か、大いなるもの〟の視点を自分のうちに内在化し、育んでいくのです。

あとでカウンセリングについて述べる章でくわしく説明しますが、カウンセラーは相談にくる人

（クライエントと言います）を無条件に認め、受け入れます。一般の人間関係に見られる条件つきの承認（例「〜ができればOKだけど、できなければダメ」）によって、人は自分自身を責めたり、一定の考えに縛りつけたりして追い詰めていきます。それでカウンセラーのところに来るのですが、したがってカウンセラーはそのような条件つきの承認から一切解放された、無条件に相手のどんな心の動きをも――邪悪なものであれ、愚かなものであれ――意味あるものと認める無条件の関係を相手と結ぼうとします。それによってのみ、クライエントはふだんの苦しみから自分を解放することができるからです。その積み重ねでクライエントは癒されていきますが、うまくいくカウンセリングではしばしば、クライエントは、カウンセラーのこの無条件の態度を自分のうちに採り入れ、内在化していきます。カウンセラーなしでも、自分で自分の心の動きを認め、そこに耳を傾ける姿勢が自分の中に育っていくのです。それができなければ、クライエントはいつまでもカウンセラーを必要とするようになり、自立できないままで終わってしまうからです。

孤独を生きる生き方は、どんな他者や物質にも依存しない生き方です。しかし人は弱くさみしい生き物ですから、孤独に突っ張って生きている人ほど、途端に依存的になってしまったりすることがあるものです。そうならないためには、カウンセリングの中でクライエントが身につけていくような、〝自分で自分を認め、自分の声に耳を澄ます自分〟を自分のうちに育んでいることが必要です。

自分のどんな部分をも認め、大切にし、いっしょにいることができる。しかもいずれの部分をも公平に見守り、認め、大切にし、耳を傾け、そこから何かが出てくるかをゆっくりと待つことができる。自分の心のいずれの部分の〝言い分〟にも耳を傾けることができる。そんな〝自分〟を自分のうちに育むことができなくてはならないのですが、これができるためには、〝自分を超えたところ〟に視点を設定し、その視点から自分自身を見るような姿勢が必要となります。自分を超えたところから自分を見る視点を持つことで、私たちははじめて、自分の心のどんな動きをも、自分の〝一部〟として特定化し、それをあるがままに認め、受容することができるようになるのです。

この、自分のどんな部分とも同一化することのない、自分を離れた〝眼〟は、何事も裁くことなく、すべてをそのまま、あるがままで認め、許し、受け入れることのできる〝眼〟です。自分を離れ、一段高いところにある〝より高次の、より大きな私〟です。

第五章で紹介する自己探究法、フォーカシングのトレーナーとして著名なアン・ワイーザー・コーネルはこの視点を〝より大きな私（Larger I）〟と呼び、それは何事も裁かず、あるがままで受け入れる、慈悲に満ちた仏陀のような性質のものだと言います。この〝より大きな私〟という視点を設定することで、私たちは、自分の心のどんな動きをも〝自分の中の一部として特定化〟し、そのいずれとも〝間をとり〟、いずれをもあるがままに認め、許し、受け入れることができるようになります。自分のうちの明も暗も、正も邪も、そして美であれ醜であれ、等しくそれとして認め、そのまま大切にすることができるようになるのです。

そしてこうした在り方が可能となるためには、自分を離れたところから自分自身を見る超越的な視点、より高次の〝より大きな自分〟を育んでおくことが必要となります。このような超越的な視点を経由することではじめて、深い、深い自己肯定は可能となるのです。

自分のうちのどの部分にも同一化せず、執着せず、離脱した〝自分を離れた眼〟。自分を離れたところから自分を見て、何事をもそのまま認め、受け入れることのできる〝もう一つの自分〟。「すべてはあるがままに。すべては流れのままに」と言っている、そのような〝より大きな自分〟。孤独を生きるには、この〝より大きな自分〟と絶えず共にいて、それを自分の内側で感じ、育んでいく姿勢を大切にしていく必要があるでしょう。

第三章　孤独の中の四つの出会い

本章では、他者や世間とのしがらみを断ち切ってひとりになったとき、何が得られるか、ほんものの孤独を深めていったとき、どんな生き方・在り方が開かれていくのか、を考えていきます。

本書で孤独を推奨するのは、孤独それ自体を愛するからではありません。真の孤独とは、「私は、ひとりが好き」というナルシスティックな、自閉的な在り方のことではありません。そうではなく、「人はみな、ひとりで生まれ、ひとりで死んでいく」という絶対的な真実をしっかりと踏まえ、自分の人生の道を歩んでいくことなのです。

では、孤独を深めていくことで手に入るものとは、具体的に何なのか。

以下ではそれを、

①自分との出会い、②他者との出会い、③普遍的なものとの出会い、④超越的なものとの出会い、

という四つの視点から考えていきたいと思います。

1　自分との出会い

「私たちは、すべてが自分のためだけにある、完全に自由になれる、小さな、人目から隠された庵を確保しなければならない。そして、そこでは本当の自由と本質的な退却と孤独とを達成できる」――これは『随想録』の著者として有名なモンテーニュの言葉です。

何度でも噛みしめるに値する、実にいい言葉だと思います。

私たちは孤独になれる〝庵〟を確保する必要がある。なぜなら、それなくしては、「本当の自由と本質的な退却と孤独」とを失ってしまうから、とモンテーニュは言うのです。

孤独を深めていって、はじめて手に入るもの。

それはまず、自分自身の心の世界の自由です。

他者との交わりに紛れるのをやめて、ひとりになり、自分と向き合う時間を確保して、自分自身の心と対話する。そのとき、かすかに見え隠れする糸を手がかりに、自分の心の世界に深く深く分け入っていく。

そこに現れる、自分だけにしかつくりえない、独自な心の世界。自分固有の世界。

この、自分だけの固有の心の世界を体験できることが、孤独になれる能力を持った人だけに許される、特権的なことなのです。

デカルト、ニュートン、ロック、パスカル、スピノザ、カント、ライプニッツ、ショーペンハウエル、ニーチェ、キルケゴール、ヴィトゲンシュタインらの天才的な哲学者たちは、いずれも結婚せず、人生のほとんどの時間を孤独にすごしてきました。もし、彼らが家族との関係に多くの時間とエネルギーを費やしていたら、あのような素晴らしい、独自な思想世界を展開できなかったかもしれません。「というのは、より高度な抽象概念に行き着くためには、もし人間が配偶者や子どもたちの感情的な要求に従属していたらとうてい見つけるのがむずかしい、孤独や徹底した集中の長い期間を必要とするからである。……もし彼らが人間性の充足を仕事ではなくむしろ愛情に求めることができたら、あるいはよりそうしたいと思っていたとしたら、彼らはもっと幸せになれただろうか。それに答えるのは不可能である。強調されねばならないのは、そういう天賦の才能のある人たちが活躍できなかったら、人間はきわめて貧困だっただろうということであり、それゆえ私たちは、彼らの人格の特性は、彼らの高い知性と同様、生物学上適応していたのだとみなさなくてはならない。」（ストー著、森省二訳『孤独』創元社）

私がここで言いたいのは、こうした、極度に抽象的で独創的な思考を展開した天才たちにだけ当てはまることではありません。ましてや、素晴らしい独自の思想を構築するには、いかなる孤独にも耐えうる強靭な精神力が必要だ、一流の思想家は孤独に耐える力があったのだ、という精神論めいたことを言いたいのでもありません。

独自の精神世界が創造・展開されうるには、孤独という一種の感覚遮断機、あらゆる種類の人間関係の刺激や雑音から身を遠ざける感覚遮断装置が必要だ、という端的な事実を指摘したいのです。

さまざまな人間関係の中に身を置きながら、独自の精神世界を展開している思想家や作家もいるではないか、という指摘を受けるかもしれません。しかし、私の見るところ、そうした人の少なからずは、実は〝見せかけ〟だけで、自分のユニークさを他者に訴えることの上手な、しかし内実は、ほかの誰かの心の軌跡をあとから辿っただけの、器用な人が多いように思われます。中には、例外中の例外と言える人もたしかにいて、そうした人は、他者とのかかわりの中にあっても、心の中ではひとりでいられる能力、ある種の刺激から距離を取ることが瞬時にしてできるという特殊な能力を自分のうちに育むことができている人である、と考えられますが。

それはともかく、みずからの心の中に感覚遮断装置を持ちえた人だけが手にすることのできる、この独自の精神世界は、それを持つ人にしかその喜びはわかりえない、特権的な世界です。それをいったん持ちえた人にとっては、それを失ってしまえばもはや生きていないに等しい、そんな何にも代えがたい宝物となっていきます。

したがって、孤独を深めえた人は、この独自の精神世界の展開を妨げられることからは何としてでも、自分の身を守ろうとします。地位も、職も、友人とのつながりも、そして場合によっては配偶者や家族でさえも、自分の精神世界の展開の妨げになるものは捨て去ってしまうかもしれません。孤独を深めえた人にとって、自分の精神世界を守ることは、それほどまでに大切なこと。それを展開できなくなる、ということは、自分が自分でいられなくなるに等しいことなのです。

孤独を深めることができた人、それゆえに、独自の精神世界を展開しえている人にとって、瑣末な人間関係に気を費やして疲れ果ててしまうことは、耐えがたい、愚かな行為にほかなりません。事務的な仕事やさまざまな交渉事に人生の大半を費やすことは、そんな人から見れば、もはや死んでいるに等しい。生きていることにはならないのです。

一日の三分の二を自分のために使っていない人間は奴隷である

ここで思い出されるのは、キルケゴール、ヴィトゲンシュタインと並んで、私が好きな哲学者であるフリードリッヒ・ニーチェの次の言葉です。

「あらゆる人間はあらゆる時代と同様に、今でもまだ奴隷と自由人とに分かれている、なぜなら、自分の一日の三分の二を自分のためにもっていない者は奴隷であるから。そのほかの点では、たとえ彼が政治家・役人・学者など何者であろうとしても同じことである。」（ニーチェ『人間的あまりに人間的』）

ニーチェによれば、一日のうち、三分の二以上の時間を自分のために持てない人間は、奴隷以外の何ものでもないのです。

この言葉を知ったとき、私は、完全な賛意をおぼえると共に、ある種、打ちのめされた気持ちがしました。今のあまりに忙しく、目まぐるしい生活をニーチェがもし観察していたら、私もおそらく〝奴隷〟と判定されるに違いないからです。

しかし、この基準に従うと、今の日本でどれだけの人が、自分は奴隷ではない、と言えるでしょうか。

睡眠時間が七時間として、残り一七時間。その三分の二となると、一一時間二〇分。

つまり、一日のうち、一一時間二〇分を、純粋に「自分のために」に使えるような自由時間として確保できてはじめて、私たちは人間らしい生活を送ることができるとニーチェは言うのです。

一日のうち、五時間四〇分（だけ！）を労働や家事、通勤など、「生きるための時間」として使う。そして、残りの時間のすべてを、ほんとうに自分のしたいことをしてすごす。自分の楽しみや、成長のために。

これは、たしかに人間らしい生き方でしょう。そして人類は、これまでほんとうは、そんな生活の実現を目指して頑張ってきたのではないでしょうか。

しかし、現実はその逆。労働八時間、通勤二時間、家事と雑用三～四時間で計一三～四時間。睡眠時間を除くと、純粋に「自分のため」に使える時間など、二～三時間もあれば、かなり上等なほうでしょう。

小さな子どもを育てながら働いている母親など、一日に一時間、いや、三〇分もそんな時間は持てない、という方が、ほとんどではないでしょうか。

けれど多くの人はそうしなくては生活できません。お金を稼ぐために一生懸命に働いてたとえお金が余ったとしても、そのお金を自分の人生を豊かにするためには使えません。

なぜでしょう。時間がないからです。

そして、たとえ時間ができても、冠婚葬祭など、「人間関係」のために使ったりする……。そうやっているうちに、自分はほんとうは何をしたいのかさえ、わからなくなってしまうのです。無理もない話です。

まったく、何のための人生か……。ニーチェの先の言葉は、しっかり噛みしめる必要があります。そして、そんな観点から、どんな人生がほんとうに豊かな人生かを考えると、人生の価値観を根本から変えていく必要がある方がたくさんいると思います。

働いて、働いて、せめて、老後に安定した生活ができるようにと考えてあくせく働き続けて老いを迎えて、そしてやがて、死んでいく……。このような人生では、ほんとうに生きていることにはならない。だとしたら、まったく違った生き方がありうるのではないか、と考える人が、しばしば出てくるのです。

大学院博士課程という隠遁時代

こんなふうに言うと、すぐに反論の声が聞こえてきそうです。

「一日の三分の二を自分のために使っていない人間は奴隷である」だと⁉

そんなこと言ってたら、奴隷でない人間なんて、この日本にいったい、何人いると言えるんだ！ ほとんどみんな奴隷状態ではないか。

そもそも、そういうお前はどうなのだ。純粋に自分のためだけに使える時間をそんなに確保できていると言うのか、と、言われてしまいそうです。

たしかに、残念ながら今の私は、純粋に自分のためだけに使える時間をそんなに確保しえているとは、とても言えない状態です。

多くの人に誤解されているようですが、日本の大学教員、特に今の国立大学の教員の仕事の大半が、いわゆる雑務です。よく人から「週に何コマお持ちなんですか」とたずねられますが、そういう質問の背後には、「週にたった数コマの講義をやって、あとはお役ゴメン。大学教員って、何て気楽な商売なんだ」というある種の偏見に基づいた感情の存在を感じないわけにいきません。

たしかに、そんなお気楽な大学教員も少数ながら、存在するにはするのでしょう。そして私は、ほんとうに恵まれた才能を持っている人には、もっと純粋に学問に没頭できる環境を整備するべきだと思っています。さまざまな雑用にもまれているうちに、どれほどの純粋な才能がつぶされているることでしょう。大学にはたしかに、私から見ても、潜在的な可能性を持った研究者が少なくない。にもかかわらず、多くの雑用に忙殺されているうちに、その可能性の多くがつぶされてしまっているように思えるのです。

しかし、こんな私にも、かつて、有り余る時間を純粋に自分のために使うことのできたぜいたくな時期がありました。大学院博士課程の在学時です。

私は、大学の学部に四年、大学院に七年の計一一年間を学生としてすごしました。「なぜそんなに長く……」と素朴な疑問を持たれる方もおられるかもしれませんが、一言で言えば、大学院博士課程、しかも文科系のそれに進むというのは学問と結婚、というより学問と心中する覚悟を決めなくては、とてもやっていられない代物です。

就職があろうとなかろうと、とにかくひたすら、学問に打ち込む。しかも、生活のためにとアルバイトに精を出しすぎると「お前の学問への情熱はそんなものか」と指導教官から揶揄され、さらに就職のチャンスも遠のいていく、という地獄の道です。

私は、ラッキーにも二九歳で今の大学に最初の就職先を得ることができましたが、文科系の大学教員は三〇歳ころまでは就職できなくて当たり前。四〇歳すぎても定職にありつけない方も、ごろごろいます。

大学院生時代、特に博士後期課程やオーバードクター（博士課程を終えても定職にありつけない状態）の時代に、論文がうまく書けないときなど、同じ世代の友人たちはみんな頑張って働いて、結婚したり子どもをつくったりしているのに、自分はいったい何をしているんだと、取り残されたような気持ちになります。何も成果があげられないまま、無意味な時間だけがただすぎていく。そんな体験を、多くの文科系大学院生たちは味わったことがあるはずで、少なからずの人が否定的感情にうちひしがれてその道をやめていきます。

しかし、孤独への資質がある人間にとって、そんな感情に支配されるのは、せいぜい最初のうちだけ。社会との接点を持たずに、ひたすら自分の内面世界を探求する――そんな今思えば、夢のようにぜいたくな時間の魔力に取り憑かれていくはずです。

私の場合、博士論文執筆最中の二年間がそうした生活のピーク。朝、一一時ごろに寝て、夕方四時か五時ごろに起きる。それ以外の時間は――食事と、トイレと、週に一度の入浴時間を除いて――すべて思索と論文執筆のために費やし、その世界に純粋に没頭することができました。

そうした生活を始めた最初のころは、たしかに苦痛でしたが、毎日そんな生活をしていると、やはりだんだん慣れてきます。そして、慣れてくるにつれて、さまざまな感覚に変容が生じてきます。

まず、時間感覚が、グニャッと湾曲してきます。一瞬一瞬が、まるで静止画像を見るかのように、ゆっくり止まって感じられる。時間の流れが、やたらとゆっくりと感じられる。季節の変化なんかも、ほとんど感じられなくなってくる。その一方で、長期的なスパンで考えると、時間の経過がやたらと速く感じられる。それもそのはず。まる一日、ほとんど部屋の中にこもりっきりで、外を歩くこともめったになかったわけですから、季節の変化を実感することがほとんどない。そうすると、一年という時間がものすごく短く感じられてくるのです。

たとえば、みなさんも、ある仕事に追われて死に物狂いで取り組んでいるうちに、「あっという間に一日が終わってしまった」「まだ午前だと思っているうちにもう夜だ」、あるいは、そんなことが何日か続いたのに「何だか一日しか経っていない気がする」といった経験が、人生で何度かあったことと思います。あまりに何かに熱中しているうち、朝も、昼も、夜もわからなくなる。私が大学院時代の生活で体験したのは、これと同じことが、一年単位で実感されるものだったわけです。何かに長期に没頭しているうちに、春も、夏も、秋も、冬もわからなくなってしまう。そんな感覚の変容が生じてくるのです。

これは、ある意味では「社会からの離脱」の体験です。この社会というのは、そこでの時間の流れを共有する人々の集合体です。ある「時間の流れ」を共有することが、ある社会なり、ある共同体の一員であることに等しいと言える面があります。

わかりやすく言うと、「一日、二四時間にして、しかも正午に一日の真ん中があることにしよう」という取り決めにみんなが従うことによって、同じ時間感覚を共有する。それによって、社会全体が動いていけるわけです。

しかしたとえば、博士論文の執筆だとか、ある作品を完成させるだとかのために、「自分の世界」に没頭する必要が生じたとき私たちはみずからあえて、積極的に社会から離脱し、ドロップアウトします。「共有された時間の流れ」からみずから進んで離脱していくのです。孤独であることを選ぶ、というのは、ある意味では、この「共有された時間の流れ」からの積極的な離脱を意味していきます。

それはまた、別の言い方をすると、社会のリズムに合わせるのではなく、自分という存在の核が持つ固有のリズムに従っていく、ということを意味します。

社会のリズム、社会の側で共有された時間の流れからみずから離脱し、自分固有のリズム、自分固有の時間の流れに従って生きていくことを選ぶ。外の流れに左右されない、しっかりとした自分を持つ。時間を止め、自分の内側、自分の〝存在の核〟に向かって問いを発していく。そして、そこから答えが返ってくるのを待つ。その答えを受け止める。

博士論文に取り組んでいるときの私の状態は、ちょうどそんな感じで、社会の流れや、周囲の人々の気持ちに左右されることなく、ただただじっと、自分の〝存在の核〟の近くにいる。そこから離れず、ずっとそこの側にいる。ずっとそこに触れている。そんな体験の積み重ねで、たしかにとても過酷でつらかったけれども、ある意味では、これ以上ないほど濃密な、充実した時間の連続でした。時間の〝濃さ〟という点では、こんなに充実していた時はあまりない。それに比べれば、最近のやたら忙しく、外を飛び回っている時間の何と〝薄い〟ことか……。

勤め先の大学も定まらない不安定な大学院生時代であったからこそ、とことん自分を追い詰め、その結果、自分の存在の核のリズムに従った充実した生活を送ることができたのです。

一方、大学に職を得て、講演依頼やら執筆依頼も次々と舞い込んでくる最近の生活のほうが、たしかに人さまに必要とされている充実感はあるけれども、どこか〝薄く〟なってしまっている気がします。何がほんとうのしあわせか……ほんとうに考えさせられてしまいます。

あなたは、平日のすいた公園やコーヒーショップに行きたくありませんか

もう一つ、大学院生時代や、大学教員になってからもまだ講演依頼や執筆依頼がそれほど多くはなかった駆け出しのころ（といっても、今でも私はまだ三八歳で、じゅうぶん駆け出しですが）実感したのは、週末には人でごった返しているデパートや公園、コーヒーショップ、映画館などに、平日の昼間に行くことの快感！　です。

特に忘れられないのは――私が院生時代をすごした筑波学園都市には、なかなか素敵な公園がいくつかあり、土・日は結構人で埋まっていたのですが――よく晴れたウィークデーの午後に、それほど混み合っていない公園に行って昼寝でもしているときなど、「みんながあくせく働いている平日の昼間に、こんなのんびりできるなんて、なんて俺はしあわせだー」と、のほほーんとした気分で、人生の勝利者の気持ちを味わったものです。今の日本、たとえ貧乏でも、自由な時間さえあれば、そこそこ優雅な生活はできるのです。

それじゃあ、怠けているだけじゃないか、という声が聞こえてきそうですが、実質はそうでもありません。ごみごみしている公園やコーヒーショップに行っても、あまり気は休まらないし、ほかの人のことばかり気になってしまって、あまり自分の心の世界には没頭できないものです。しかし、よく晴れたウィークデーの、人影もまばらな公園やコーヒーショップでたたずんでいると、不思議と人のことは気にならず、自分の心の世界に没頭できていくものです。そして、そんな気分で、気になっていた論文やテーマのことを思い浮かべていると、突然、モヤモヤしていた部分をスッキ

りさせてくれるような構想やコンセプトが次々と浮かんできたりするものです。

そう考えると、私たちの生活には「自分で自由に使える時間」「特に、平日の、それ」という、「目に見えない所得」があることがわかります。

たとえば、同じ四〇〇円のコーヒーを飲むのでも、週末のごみごみした中で飲むのと、ウィークデーにその場を半ば独占するような気持ちで飲むのとでは、それによって得られる快適度は、二倍も、三倍も、違う。

また、公園、図書館などの同じ公共施設を使っても、週末に行くのとウィークデーに行くのとでは、そこで得られる快適度は、やはり、二倍も、三倍も、違う……。

そう考えると、多少、収入は低くなっても、より多くの「自分で自由に使える時間」「特に、平日の、それ」を手にすることができる、ということは、それだけで、かなり豊かな生活を享受できていることになります。

と、そんなことを考えていると、朝のワイドショーに、今、癒し系のインスツルメンタルのヒット曲を連発している「S. E. N. S.」というグループが出演し、生演奏しているシーンを目にしました。今度出すアルバムのタイトルが「平日の休日」だそうです。

「平日の休日」。どんなに多くのサラリーマンがこれに憧れていることか。

それを渇望するあまり、転職をはかる人も当然、います。

たとえば、バブル全盛期に銀行員として働き、睡眠時間四時間弱の生活を一〇年ほど送ってきてそれを辞め、エッセイストに転業された横田濱夫さんは、そのときの感慨を次のように述懐されています。


「その後、いろいろあって、オレは銀行を辞めました。今の物書き稼業になったわけです。すると、な、なんだこれは!? ありあまるほどの自由があるじゃないか！

何時に起きてもいい。何時に寝てもいい。

人からとやかく言われることもない。上司や同僚など、組織や人間関係の気遣いもゼロ。

オレはもうシビれました。まさしく十一年間、夢にまで見、あこがれ続けてきた自由だったんですから。

そこで思ったことは、

『ウォーッ！ やっと手に入れたこの自由、もう誰にも渡さねえぞーっ！』」（岸本葉子・横田濱夫『「ひとり暮らし」の人生設計』新潮社）

横田さんは、その後、せっかく手に入れた自由を手放したくない、という気持ちから、束縛を伴う結婚というライフスタイルから遠ざかり、ずっと独身できた、と言います。

この気持ち、すごくよくわかる気がします。

こんなふうに書いてきているだけで、私自身にも、かつて経験したあの大学院生時代のような生活に戻りたい、という欲望がわきあがってくるからです。一週間でも、一ケ月でも、誰とも会わなくていい。ひたすら自分の部屋にこもって、ただただ、自分と向き合い、そこから生まれてくるものに、かたちを与えていけばいい。自分の魂のリズムに従って、周囲にそれを乱されることなく、生きていく。そんな生活をしたい。そんな生活に戻りたい。そんな欲望、というより衝動が、時折どうしようもなく、たちあがってくるのです。

職を捨て、家族を捨て、誰とも会わず、ただひたすら、自分と向き合っていく。私には、魂の深いところで、どうしようもなく、そうした生活を希求するところがあるようです。もっとも、そのことを文字通り実現するのは、きわめて難しい。また私にも、正直そんな勇気はありません。

私は、数年前、アーノルド・ミンデルという当代きっての凄腕の心理療法家のカウンセリングを受けたことがあります(そのときの様子は、藤見幸雄・諸富祥彦編著『プロセス指向心理学入門』春秋社、に収められています)。そのとき、彼からもらった「ひとりでいる時間を大切にしてください」という言葉を、今、思い出しました。

もっと仕事をしたい、活躍したい、と思えば、どうしても、生活のスピードは速くなってきます。これは私たちの自我にとっては、有能感を与えて快適です。しかし、あまりにそれがすぎると、私たちの魂がないがしろにされ、息苦しくなってきます。魂は、必ずしも社会で定められた共通の時間に適合しない、固有のリズムを持っているからです。

したがって、心全体のバランスを取るためには、自我の欲望を満たしながら、魂のリズムですごす時間を確保することが大切。そしてそのためには、ある程度の時間、社会から――ということはつまり、この社会における合意された時間から――〝離脱〟することが必要になってきます。魂の渇望に耳を傾けるための時間と空間を用意しなければ、そのうち、恐ろしい逆襲にあうことでしょう。

自己回復の道としての孤独

自分だけの固有の心の世界を保持しうるには、孤独という、一種の感覚遮断装置を用いて外界からの刺激、特に人間関係の刺激から身を遠ざける時間をある程度確保することが必要だ、と述べました。そのためには、社会における合意された時間から一定期間〝離脱〟することが必要だ、と。そうした時間を確保できなくなると、固有の心の世界を保持しえなくなり、自己が散逸し、自分が何者であるかわからなくなって、生きている意味を実感しえなくなってしまうのです。

そのため私たちは、日々繰り返される決まりきった仕事からの「退却（リトリート）」を、つまりは休暇をしばしば必要とします。それは、単に肉体的・精神的な疲労の回復を目指し、エネルギーを充電させるためにではなく、自分を、つまり自分固有の世界を取り戻し、それを創造的に表現したり、新たな変化を求めたりするきっかけをつかむために必要となるのです。そのため私たちは、リトリートの場所として、職場や世間から離れた、自然に囲まれた場所を好みます。日常のしがらみから離れて、自分と向き合うことができる場所を選ぶのです。

職場、家庭、地域などのさまざまなしがらみから退却し、孤独に身を任せることは、このように自己回復の機能を持ちます。この孤独本来の機能について、実存心理学者クラーク・E・ムスターカスは、名著『愛と孤独』（片岡康・東山紘久訳、創元社、以下のムスターカスの引用はこの本から）において独特の言い回しで、次のように言います。

「安全を確保し、確固たる地位を築こうと生きてきたことが、日々の生活を化石のように生気のないものにしたと気付いた時、人は強い不安に襲われる。しかしこの時、ひとり座し、生きることの本質に想いを巡らせ、生き損なった空しさをかみしめようとする者は、自分自身と対決する。そうして初めて、人は人生の新しい意味と方向性を考える上で、何が本当に大切なのかを理解していくのである。」

「周りの世界が冷たく無意味にしか感じられないような時、また、人波に呑み込まれ、その対応に忙殺させられるような時には、孤独にひとり身を任せることで人は本来の自分に帰っていくことができる。孤独にひとり身を任せることは、群居することと同じく人間本来の要求である。隠者や孤独な思索家、孤高の精神の持ち主や世捨て人などは、現代社会においてはしばしば奇異の目で見られる。しかし、彼らは自分自身との対話を行う人々であり、それゆえ真の意味で健全な人々である。逆に、過度に社会適応を求めたり、常に人との交わりを求めたりする行動は、本当の自分に気づくことに対する恐れと、周囲に遅れを取るまいとする不安とに動機づけられている場合が多い。

……人に応じようとする態度が良いか悪いかは別としても、とにかく、それは孤独にひとり身を任せることによって打ち砕かれる。」

このように、ムスターカスは、私たちがあまりに強く社会のシステムに巻き込まれ、過剰に適応しようとし、自分自身を見失ってしまいそうになるとき、ひとり孤独に身を任せることを通して、自分自身の心の声を取り戻すことの意義を高く評価します。「社会」の中で生きていこうとするには、みなが考える言葉で考え、みなが語る言葉で語らなくてはなりません。これは社会の中で生きていく上で必然的な営みであり、したがって致し方のないことではあるのですが、そのことにあまりに慣れ親しみすぎてしまうと、私たちは、自分自身の言葉を失い、自分の心の世界を見失ってしまいます。

そんなとき、自分の生活が「化石」のように生気のないものになったことに気づき、生き損なった空しさを噛みしめ、自分自身と対決することを通して、私たちは、はじめて自分自身を取り戻すことができる、とムスターカスは言うのです。

私の知る限り、ムスターカスは、現代の心理学者の中で、孤独の本質について最も深く理解している人のひとりです。とりわけ、人が社会システムの中から一時的に離脱し、自分自身の中へと、深く深く沈潜していくとき、そこで生まれてくる創造的な世界を最も的確につかんだ人と言えるでしょう。単なる欠如態としての孤独のみならず、充実態としての孤独を説いた思想家ならば、他に幾人もいます。しかし、ムスターカスのそれは、他と一味も二味も違います。孤独の真の意味を知る人が、彼の『愛と孤独』を読むならば、ある種の身震いを禁じえないはずだと私は思います。

ムスターカスは、この本の中で、孤独を深く理解するために、それと「ひとりでいること」や「実存的不安」「さみしさ」との区別について持論を展開しています。少しのあいだ、ムスターカスのこの考えを紹介します。それが、孤独に沈潜するときに生じる、自分自身の固有の世界との出会いを理解するのに役に立つと思われるからです。

ひとりと孤独

ムスターカスは、彼の孤独についての考えを語るうち、さまざまな反論を受けました。孤独というのは、人間関係の失敗であり挫折の印にほかならない、と言われ続けてきたのです。そしてムスターカスによれば、孤独の真の意味を理解できない人の多くは、①ひとりでいる体験と、②深い孤独との区別をできないがゆえに誤解を生じているのです。

両者の区別について、ムスターカスはそのいずれも大切なものだと断りながら、こう言います。

「孤独の時とは対照的に、ひとりの時には、私たちは意識的なコントロールを働かせ、意図し、考え、決断している。ひとりでいると、私たちは必要な休息を得られる。一方、孤独でいると、私たちはぎりぎりの状態に追い詰められる。ひとりの時は、私たちの体験に、展開と継続性がもたらされる。一方、孤独な時は、全体的、革新的な変化を私たちにもたらしてくれる。ひとりの時は人の中に帰っていく道を開いてくれ、孤独な時は自分に帰っていく道を開いてくれる。」

また、別の箇所では、「ひとりとは、たいてい過去や未来にまたがった中間的な状態であるが、孤独とは、常に生命に直接、今、ここでかかわっている状態である。ひとりとは、自分に没入していることである。孤独とは、自分と共にありながら、さらにそれを超え、新しい自己を創造しようと激しく一瞬に生きることである。」と説明を加えています。

深い孤独を体験している方には、何の説明もなく、スーッと入ってくる箇所ですが、やはり、多少の補足が必要でしょう。

ひとりでいるとは、たとえば、仕事から帰る電車の中で、「今日はこんなことがあった」「明日はこうしよう」「これから、三年、こんなふうな考えでやってみよう」と、過去や未来について、具体的な事柄をあれこれ考えをめぐらしている状態です。昔あった楽しい出来事を思い出したり、次の休暇の計画を考えたり、絵画を描いたり、さまざまな空想にふけったり……といった充実した時間です。静かに、自分の人生について思いをめぐらし、借り物ではない、自分自身の考えを練ることができます。

このように、ムスターカスが言うひとりでいる体験とは、毎日の生活に忙殺されがちな私たちが自分を取り戻し、自分を表現するために必要な、一時の休息の時間です。他者中心、社会中心の生活から身を離し、自分自身を取り戻すために必要な貴重な時間です。

ひとりでいるときの特徴は、意識的なコントロールを働かせ意図し、考え、決断しているということです。したがって、ひとりでいるときの体験には、過去や未来とのつながりにおける展開と継続性があります。その体験は、これから人の中、社会の中に帰っていくための準備期間として必要なものなのです。

一方、ムスターカスの言う孤独とは、それよりもさらに深い体験を指すようです。ひとりの体験が、過去や未来について静かに思いをめぐらす、少しゆとりのある状態の体験であるのに対して、彼の言う孤独の体験は、自分がギリギリにまで追い詰められたあとに訪れる極限的な体験、したがってその後では自分がまったく新たに生まれ変わるような激しい一瞬の体験を指しています。孤独の体験は、それまでの自分とこれからの自分とのあいだに大きな断絶をもたらす変容体験です。

「孤独な時とは、人に人生の一大転換点をもたらす時である。孤独に浸っている時、人は、もっとこの激しさが続けばよいと願ったり、永久に離れたくないと思ったり、あるいは、底無しの絶望感に捕らえられたり、信頼が裏切られ、さんざんに打ち砕かれてしまうことがある。このような強烈な驚きに震え、深いショックに身を砕かれた時に『私はひとりだ』と言っても、その体験を伝えるには不十分である。それでは孤独の肯定的な部分も否定的な部分も伝えられない。一方、『私は孤独だ』と言うと、独特のニュアンスが付け加えられ、引き裂かれた状態が示される。」

こうして、ムスターカスにとって孤独とは、単にひとりで思いをめぐらす静かな体験を超えて、過去と未来を断ち切り、新たな自分への生まれ変わりを余儀なくする、有無を言わせぬ、一瞬の激しい体験を意味するのです。

「実存的な孤独」と「孤独に対する不安」

次にムスターカスは、彼の言う①「実存的孤独」と②「孤独に対する単なる不安にすぎないもの」とを区別します。

孤独に対する不安は、真の孤独とは異なります。「それは、生と死の重要な問題に直面するのを避けるために、絶えず他人とのかかわりを求め、忙しく立ち働いて、本質的な孤独を打ち消そうとする防衛から生まれるものである」。

一方、実存的な孤独とは、「人間の本質に目醒めていることの証であり、生の動乱や悲劇、変転に直面してゆく際育まれるものである。この世に生まれ、激しく生き、ひとりで死んでゆくことの本質にある孤独が、実存的孤独である」。

つまり、実存的孤独とは、人がひとりで生まれひとりで死んでいくこの悲劇にもかかわらず、激しく生きなくてはならないという人生の本質に目醒めながら生きていくこと。一方、孤独への不安とは、そうした人生の重要な問題を見ないようにするために絶えず自分を忙しくしたり、他者とのおしゃべりを続けたりすること。両者は明白に異なります。

「静寂に身を任せた孤独」と「引き裂かれた孤独」

このように、深い実存的孤独を、単にひとりで思いをめぐらす体験や、孤独への不安と区別して特徴づけた上でムスターカスは、さらにそれを二種類の孤独に分類します。①-⑴「静寂に身を任せた孤独」と①-⑵「引き裂かれた孤独」です。

①-⑴「静寂に身を任せた孤独」とは、人や、自然や、宇宙の究極の真理に触れて、存在の調和と全体性の中に憩う心安らかな状態。一方、①-⑵「引き裂かれた孤独」とは、裏切り、だまし、拒絶、誤解、苦痛、別離、死、悲劇、危機などに直面することで、自己感覚ばかりでなく、世界そのものが一変するほど打ちのめされた際に体験される孤独です。

前者はポジティヴ、後者はネガティヴな内容のものですが、両者共に、それときちんとかかわるならば、大きな飛躍へとつながる大切な意味を持つ重要な体験となりえます。ムスターカスによれば、いずれの種類の孤独にも、「自分自身との対決」と「出会い」、両方の要素が共存しているのです。

「自分自身との対決」とは、葛藤に正面きって挑戦することであり、突然の出来事、喪失、幻滅などによって引き起こされた恐怖、怒り、悲しみ、苦しみなどをみずから進んで受け止めようとすることです。それにより、人は、揺さぶられ、混乱状態に陥れられます。自分自身になる道をどうしても見つけざるをえないところまで、追い込まれていくことである、と言うことができます。

一方、「出会い」においては、孤独な心と心が結ばれて、生き生きした感情がほとばしり、生命とのつながりが感じられます。そこには、調和と充足、そして「私が私であることは愉快だ」という突然の気づきや喜びがあり、生命、自然、宇宙の美しさに人を目覚めさせる沈黙の愛と語り合いがあります。

自分自身との対決や、何かとの出会いは、決まりきった行動様式を打破し、紋切り型のコミュニケーションや、人々が演じる社会的役割や職業的役割やゲームを粉砕します。それによって、自分の本質が脅かされたとか、拒否された、と感じることがあったとしても、そのときは、逃げることなく孤独の中に身を沈め、なすがままに任せておくこと以外には、生活の調和を取り戻す術はない、とムスターカスは言います。今までの自分に別れを告げ、新たな自分として再出発するには、この孤独に身を任せる体験がどうしても必要だというのです。

「さみしさ」と「孤独」

ムスターカスが、孤独と似て非なるものとしてあげるのが、「さみしさ」です。

英語で言うロンリネス（lonliness）（さみしさ）とソリチュード（solitude）（孤独）は、しばしば同義語として用いられます。実際、辞書の定義としては、いずれもひとりでいる状態を指す別の言葉にすぎません。

ムスターカスはしかし、さみしさと孤独が、たいへん似通ってはいるが異なる体験であることを知っておくことが重要な意味を持つ、と言います。

そして、実存論的な神学者ポール・ティリッヒを援用して、さみしさと孤独は、人間がひとりであること（aloneness）の二つの異なる側面を示している、と言います。前者はひとりであることの痛み、というネガティヴな側面、後者はひとりであることの喜び、という肯定的側面を指している、というのです。

ムスターカスは、ティリッヒによるこの区別を踏まえながら、次のように言います。

さみしさは、しばしば、人と人とのつながりが拒絶されたり、離れ離れになることによって体験されているものである。それは、私たちが別れや死に直面したときに襲いかかってくる感情であり、周囲から誤解されたり、疎外されたり、愛が破れたり、これまでほんとうの自分を生きてこなかったことに気づいたときに生まれてくる感情である。

一方、孤独とは、自然の静けさの中で無言で木や雲や波に語りかけたり、静かに詩をひとり読んでみたり、音楽に聴き入ったり、芸術作品をひもといたりするときに去来する。

「孤独に身を任せている時には、群衆の中にあってもひとりきりである。しかし、決してさみしくはないのである。沈黙は孤独の本質的な部分をなす。というのも、沈黙の中でこそ、私たちは、他の場合と異なって、表面的なことには拘泥せぬ、深く、研ぎ澄まされた内省を行うことができるからである。……ティリッヒは孤独の本質について次のように述べている。『それは、この俗世の混雑した道路に、永遠が顕現することである。ひとりきりであってもさみしくはない。……永遠なるものに向き合い、他者を見つめ、自己を見出すことである。』」

2　他者との出会い

ムスターカスの言葉に耳を傾けてきました。孤独というものが本来持っている深い意義を感じ取っていただけたのではないでしょうか。

真の孤独とは、自分自身の深い深いところと、つながっている状態。自分の存在の核とつながり、その声を聞いているような状態です。

そのために、「孤独に身を任せているときには、群衆の中にあってもひとりきりである。しかし、決してさみしくはない」と言えるのです。

そのように考えると、深い孤独を体験した者同士の出会いこそ、真の人と人との出会いというに値するものであることが、わかってきます。

孤独に耐ええない人同士のつながりは——実は、その一人ひとりが、まだ深いところでは、自分自身になっていないので——ほんとうの意味で「出会い」と言える代物ではないことが多い。というより、その浅いつながりによって、自分自身と向き合うことを回避してしまっているようなケースも少なくないのです。

そんな、自分自身から逃げるようにして切り結ばれたつながり、というより、癒着・もたれ合いの典型的なケースが、今の女子中学生、高校生のあいだの人間関係です。

「私たち、同じ」「私たち、仲間」、そんな表面的なつながり、もたれ合いの関係を絶えず確認し合うことで、不安を解消し、それによって本来青年期の重要な課題である、孤独の中で自分自身と向き合い、成長していく、といった内的なプロセスを回避しているかのように思えるのです。彼女たちのそうした関係の特徴の一つは、お互いの違いを認めたがらないこと。それぞれの違いやつながれなさに直面することから、人間の個別性についての意識は高まり、それが人格的な成長をもたらすのですが、彼女らはそれを巧妙に回避して、「私たち、同じ」を確認し、違いを排除しようとするのです。

このことを青年心理学の研究成果から確認してみましょう。

日本における孤独についての青年心理学的研究で著名な落合良行(『青年期における孤独感の構造』風間書房、『孤独な心』サイエンス社)は、「人間同士の理解・共感の可能性」と「人間の個別性の自覚」の二つの次元を組み合わせて、孤独感を次のA、B、C、Dの四つのタイプに分類しています(図2)。

A型――現実にかかわっている人と理解・共感できると思っていて、個別性の自覚はない。
B型――現実にかかわっている人とは理解・共感できないと思っていて、個別性の自覚はない。
C型――現実にかかわっている人とは理解・共感できないと思っていて、個別性の自覚はある。
D型――現実にかかわっている人と理解・共感できると思っていて、個別性の自覚はある。

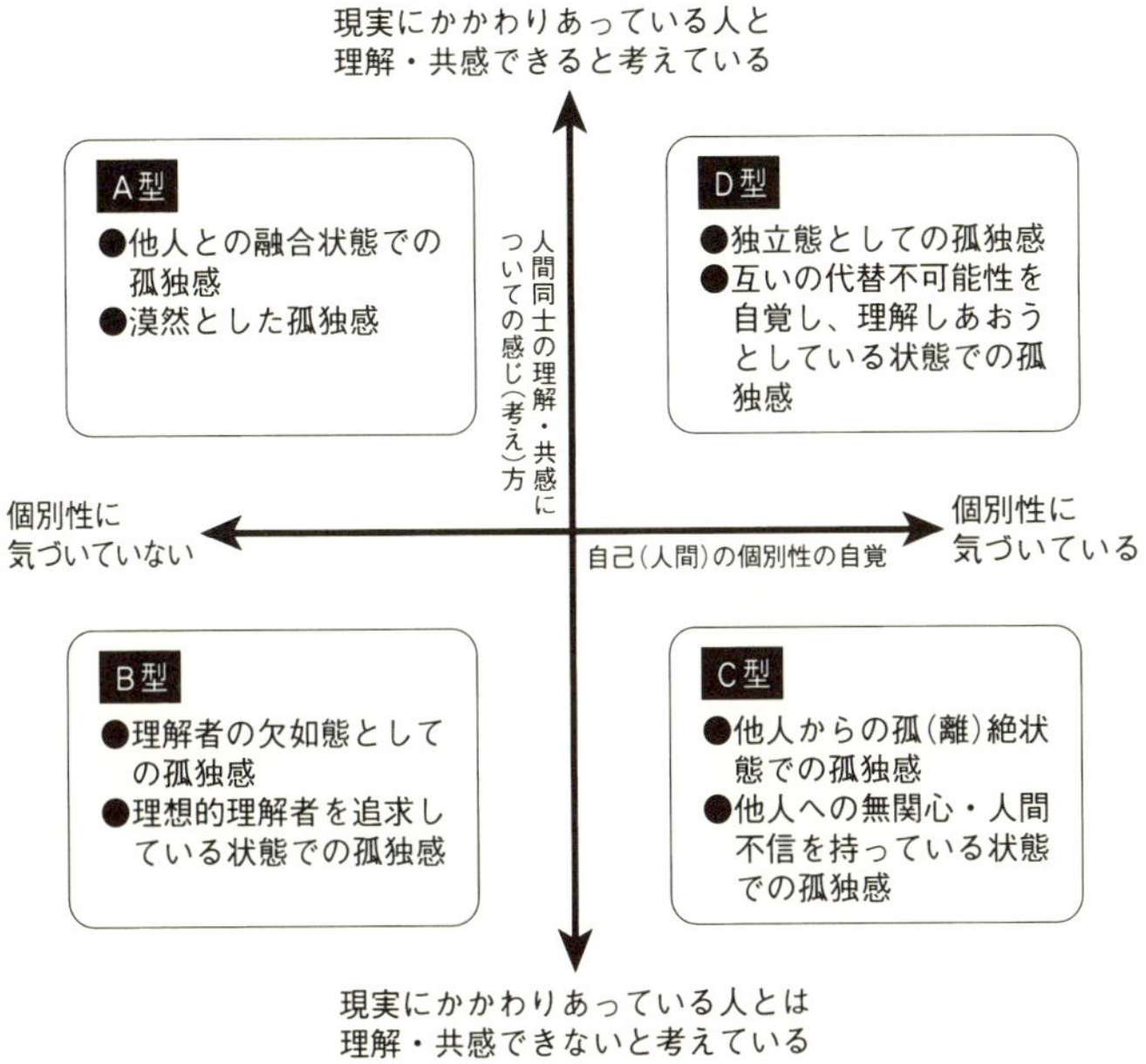

図２　孤独感の４類型の特徴

Ａ型の孤独は、最も幼稚な孤独で、人とワイワイやっていて、人と融合しているような状態で感じる孤独。たとえば下宿にひとりでいるとか、旅先で寝るといった、物理的にひとりになったときに感じる孤独。漠然とした「何となくさみしい」という孤独感です。

Ｂ型が感じる孤独は、物理的にひとりになったときではなく、たとえばコンパなどでたくさんの人がまわりにいるのに、心が通じ合わない、自分をわかってくれる人はいない、と感じてしまう孤独です。この型はまだ個別性の自覚がないので、自分と同じに考え、自分をわかってくれる人がどこかにいるはずだ、と考え、けれど、目の前のこの人は自分をわかってくれないからだめだ、と感じています。理想的な理解者をいつも思い描き、求めていながら、それが得られないのがB型の孤独です。

C型の孤独は、みんな一人ひとり違うし、わかり合えない。他人に心を開いても、わかってくれないし、心を開いたほうが馬鹿を見るだけだ、という他者への不信感が背後にある孤独です。B型の孤独を感じている人が、自分の理解者を求めていく中で、裏切られたり、やっぱり理解してもらえない、といった落胆を経験します。そのうちに、主に高校生や大学生のときに、人間の個別性に気づき、人と自分は違う人間だから、見方も違えば、感じ方も違うのだと考えるようになります。そう考え、表面的にはうまくつきあいながらも、自分の心は絶対に開かない。そんな孤独です。

D型の孤独は、みんな一人ひとり違うけれど、まったくわかり合えないことはない。人それぞれ異なり、代替不可能な存在であることを自覚し、だからこそ諦めずにわかり合いたい、そう努力することが大切だと感じている孤独です。

D型の孤独が最も成熟した孤独で、A型の孤独は、B型及びC型の孤独を経過して、D型の孤独に深まっていく、と考えられています。

一般に、若いうちにはA型の孤独を感じる人が多い（中学二年生の約五〇％）が、年齢があがるにつれて少なくなり、一方、D型の孤独を感じる人は年齢が増すと共に多くなります。大学四年生では約八割がD型の孤独を感じている、ということです。そして、A型の未成熟な融合型の孤独は、まずB型、そしてC型という孤独感を経たあとではじめて、D型の成熟した孤独に到達する、と考えられています。

この理論をもとに、女子高校生を中心に高校生一〇〇人の孤独感についての調査をおこなった中島梨乃（二〇〇二）によると、最も多いのはA型で、次にC型、D型、B型の順であったといいます。中島のこの調査で面白いのは、孤独感を嫌悪している高校生が六割にのぼり、そうした高校生の特徴は「個別性についての自覚」が低かった、つまり「みんな同じ」という意識が強かった、ということを報告している点です。

つまり、人間の個別性についての自覚が目覚め、人は一人ひとり異なるユニークな存在である、という意識が深まると、孤独を受け入れることができるようになるのに対して、人間は個別であるという意識が低いと、孤独を当たり前のこととは思えず、孤独に苦痛を感じ、孤独を嫌悪するようになってしまう。現代の高校生の多くは後者で、「みんな、同じ」という意識が強く、一人ひとりの違いについての意識が弱いために、孤独を恐れ孤独を嫌悪するようになるという傾向が見られた、というわけです。

たしかにそうだろうなぁ、と思います。

真の孤独とは、人はみなそれぞれ異なる、したがって容易には理解し合えない、という深い自覚の上に立って、それでも、だからこそ、お互い理解し合えるよう努めようとする孤独です。

真の孤独とは、お互いがわかり合えないと思っているような孤独ではありません。そうではなく、お互いに異なるからこそ、理解し合おうと努めることに大きな価値を認めるような在り方のことなのです。

また、落合（一九九九）によれば、心理的な孤独感は対他的次元（つまり他者との関係の次元）、対自的次元（自分の在り方の次元）、時間的展望の次元（過去や未来、残された時間とのかかわりの次元）の三つの次元で説明できます。そして、児童期にはほぼ対他的次元で感じられる孤独感がほぼすべてであるが、時間の経過と共に減り、代わって対自的次元や時間的展望の次元で感じられる孤独感が強く意識されるようになり、五〇代半ばあたりで両者が逆転するようになると考えられています。

孤独嫌悪シンドローム

しかし、どうやら時代は、孤独を前提とした深いつながりから逆行しているようです。「みんな、同じ」から外れることがこわくて、だから絶えず誰かといっしょにいて、「私たち、同じ」を確認し合う。それによって、孤独や、自己の個別性の自覚から逃れようとする、という高校生的な感覚が、そのまま、大学生や社会人になってもひきつがれ、心の成熟を妨げているように見えるのです。

いつもダンゴ状態になって、絶えず誰かといっしょにいる大学生たちの姿は、今に始まったことではありません。OLになっても、ランチをひとりで食べられない、ひとりで食べるのが苦痛で退社すら考えるランチメイト症候群については一章で紹介しました。また先日、ある雑誌を見ていたら、最近、社会人になっても、ひとりでいることを恐れるからか、会社の同僚や学生時代の友人などといっしょに住むことを希望する人が増えているらしい、とのこと。また、インターネットでも「ルームメイト募集」のウェブサイトが急増中で、専門サイトの一つ「ROOMER」には、五日間で削除されるにもかかわらず、掲示板には関東圏だけで一七〇〇件以上のルームメイト募集情報が並んでいる、といいます。また『共同生活マガジン』（主婦と生活社）という、共同生活のライフスタイルや物件を紹介する専門の雑誌まで創刊されている、といいますから、これは一つの社会現象と言ってもいいのかもしれません。いわば「ルームメイト症候群」？

たしかに、この不況の中、ひとりで部屋を借りるより、複数で借りたほうが、少しでもいい部屋を借りることができるし、住居費という大きな支出を抑えることができる、という経済的なメリットから、合理的に判断して共同生活を送る人が増えても不思議ではありません。また、見知らぬ者同士、いっしょに住むこと自体、柔軟な人間関係能力を必要とされる作業で、人間関係が希薄になっているといわれる現代社会で貴重な経験ができるいいチャンスと言えるかもしれません。しかし、見知らぬ人とでも共同生活を欲する人々の中には、プライヴァシーを守るより、とりあえず誰かといっしょにいることで、さみしさや孤独への不安の解消を優先しようとする人も、少なからずいるのではないでしょうか。するとこの現象は、やはり、広い意味での、若者たちの成熟拒否現象の兆しの一つと見ることができる面も持っているのではないか、と考えられます（もちろん、先にも述べたように、共同生活を送ることで、人格的成熟を果たす若者も同じように存在してはいるでしょうけれど）。

昨今、いろいろな人が、今や学校文化が社会全体に浸透しつつある、これは危機的だ、ということを指摘していますが、私から見ると、この「孤独嫌悪シンドローム」こそ、その最悪のもの。「私たち、同じ」「私たち、つながってる」を確認し合うことで、自分と向き合うのを避ける。それにより、人間としての成熟も止まり、他者との深い出会いも妨げられてしまうのです。

家族の孤独と出会い

お互いの違い、わかり合えなさの自覚に立って、つまり、私たちはみな孤独であるという自覚に立って、それでもかかわり合い、わかり合っていこうとすることの大切さ。

これは、友人関係についてだけ言えることではありません。

ふだん、わかり合えていると思っている人と、実は「わかり合えているなんてとんでもない、二人のあいだには大きな断絶があったのだ」と気づく。そんなショックな体験を経たあとに再び出会い直すことができる。そうした出会いの仕方が可能になる典型的な場の一つが、家族です。

たとえば、それまで「この子のことはわかっている」と思い込んでいたいつも笑顔の中学生の娘が、実は、周囲からのいじめや迫害に耐えていたり、深い失恋で自殺寸前まで思い詰めていたことがわかって親が愕然とする、などということは、ごく当たり前の風景。

また、ここ一〇年くらいのあいだに、五〇代以降の熟年カップルの離婚が目立ちますが、その多くは妻からの突然の申し出によるものです。しかし、申し出そのものは突然でも、妻自身はもう十数年前からその離婚を計画していたりなどしていて、そのことを知った夫は当然ながら深い孤独感に打ちのめされたりします。

よく考えれば、家族ほど、わかっていると思い込みがちで、実は全然わかっていないミステリアスな関係もありません。

「お互いを、わかり合えない」という前提に立ち、そうした前提に立つからこそ、少しでもわかり合える努力をする、会話を重ねる、といったことの積み重ねが、そうした日々の小さな出会いが、家族ほど重要な意味を持つ集団はほかにないでしょう。

しかし、毎日いっしょに顔を合わせている関係だからこそ、この人と人の出会いの原点を忘れてしまいがち。惰性と安心に任せて、日々すごすことになりがちです。

私は、教育学部というところにいますので、子どもの問題についてカウンセリングをすることが多いのですが、それまで「わかり合えている」と信じていた親たちが、子どもの問題――不登校、家庭内暴力など――に直面することで、はじめてほんとうに向かい始めることが、実に多いものです。

たとえば、父親のほうは、家族のみんなに自分の仕事のたいへんさを理解してもらっており、それがゆえに仕事に専念できるのだと思い込んでいたのだが、母親のほうは、専業主婦であるという負い目（もちろん、専業主婦を負い目に感じる必要はまったくない！　のですが）からか、家族のために時間とエネルギーとを使ってくれない父親に文句を言うわけにもいかず、それを胸のうちにしまい込んでしまう。そうした気持ちのくい違いが、子どもの不登校、ひきこもり、家庭内暴力などの問題に直面してはじめて明らかになる、ということがしばしばあります。というより、そうした家族の一人ひとりの「思い」のくい違いが明らかになることが、カウンセリングのプロセスの第一歩となるのです。

「やさしさの世代」の家族の病理

また、このとき大切なのは、家族間の「思い」のくい違いが明らかになったといって、決して表面的なゆずり合いに終わってはならない、ということです。

子どもが不登校、非行などの問題を起こしたとき、多くの母親は父親をこう責めます。

「お父さんが仕事ばかりしているから、家族を顧みてくれないから、こうなったのよ」

この文句はもちろん、一理あります。そして、やはり、家族間の関係に大きな歪みが存在する場合、父親がワーカホリックで、家庭をほとんど顧みていない場合が多いのです。

拙著『カウンセラーパパの子育て論』(金子書房)でこの問題は書きましたので、くわしくはそちらをお読みいただきたいのですが、子育てに悩んでいる母親の最大の苦しみは、父親が子育てにあまりかかわってくれないこと、より端的に言うと、帰宅時間があまりに遅いことにあります。

したがって、たしかに、父親が家族のためにより多くの時間とエネルギーを使うべきだ、というのは、正論中の正論なのですが、かといって、父親が「子育てに参加すべき」という正論の持つ道徳的な圧力に屈して、いやいやながら仕事を切り上げ、早く帰宅したりなどしていると、そのことがさらに複雑な葛藤を生み出すことになりかねません。

三〇代、四〇代の父親は、親である前に、ひとりの人間として、男性として働き盛り。しかもこの厳しいご時世ですから、「仕事できっちり勝負したい。子どものために、手かせ、足かせはめられるのは御免だ」という気持ちがあっても当然です。大切なのは、母親からの訴えを受け止めながらも、「俺は今、仕事をしたい。この線は譲れない」という気持ちもしっかり主張することです。

家族の一人ひとりが、「あなたの気持ちはわかるが、ここはゆずれない」という、それぞれの気持ちをしっかりぶつけながら、お互いのわかり合えなさに目覚め、そのわかり合えなさに直面しながらも、しかも何とかわかり合おう、つながり合おうとする。こうした、ギリギリの線での対決なくして、家族の成員の心が結ばれることはありません。

特に、今の三〇代から四〇代の男性は、「やさしさの世代」と呼ばれ、青春期から、他者との葛藤や傷つけ合いを極力回避しようとしてきた世代です。アッシー、メッシーなどと呼ばれ、女性にやさしくすることに何より価値を置いてきた世代です。

こうした世代の父親が「子育てに目を向けよ」という道徳的圧力を含んだ正論に屈して、表面的に家族のために時間を割き始めると、心の中は、かつてより以上に家族から遠ざかっていくことがしばしばあります。その結果、不倫をしたり、家族以外のところに自分のほんとうの居場所を求め、「やさしい父親」を演じ続ける、という事態が生じるのです。この世代の父親にとって、家族間の葛藤、対決は最も恐ろしく回避したいことの一つなのです。

孤独を知った者同士だからこそ、響き合える

今、家族のことを指摘しましたが、「人は、それぞれ自分の道を歩んでいくほかない」というのは、人生の普遍的真実です。

個性というのは、ほかの人と違っているから個性なのではない。自分を深く掘り下げることで真の個性に目覚めるのだ、としばしば言われます。

まさにその通りで、自分が自分らしい人生を歩む、自分の心の声を聞きながら人生を歩んでいくとき、他者とどうしようもなく異なる自分の存在というのを意識せざるをえなくなるのです。

もちろん、人間はどうしようもなく孤独である、というこの真実を引き受けるのは勇気の要ることです。

しかし、人生の本質的な孤独、さみしさ、わかり合えなさを知った者同士だからこそ、深いところで通じ合える、響き合えるものです。

それは、ごまかしようのない、人生のリアリティに直面して生きているからです。

人は、自分を深く生きれば、どうしても孤独にならざるをえない。けれど、孤独を知り、孤独を引き受けた者にしか手に入らない深い出会いがある。

これは、人生の普遍的真実です。

そして、孤独を恐れ、孤独を回避して、絶えず誰かといっしょにいることで不安を紛らわしている人にはわかりようのない真実であり、人生の深い味わいなのです。

3　普遍的なものとの出会い

他者とのしがらみを断ち切り、集団への埋没から身を翻して、ひとり自分の道を行く決意をした人、世のマジョリティから見れば異端な例外者となって、人生の孤独を深く引き受ける覚悟をした人だけが、手にすることのできるもの。それは、自分固有の世界であり、同じく孤独を引き受けた者同士にしかなしえない深い出会いであると述べました。

それればかりでは、ありません。いかなる集団、いかなる派閥、いかなるイデオロギーにも属さず、あらゆるしがらみから解き放たれた自由な孤独人でなくては手にすることのできない大切なものが、もう一つあります。

それは、真に普遍的なものとの出会い、真に普遍的な観点、どの立場にも偏ることのない普遍的な倫理です。特定の集団や派閥に属し、〝仲間〟の利益を守ることに汲々とすることは、それ自体きわめて人間的なことで、何ら恥ずべきことではありません。しかしそうした利害関係の網の目の中にいては、どうしても不偏の立場を取ることはできません。特定の個々人や集団の利害から超脱した立場に立たなくては、そのいずれにも偏ることのない普遍的に妥当する倫理に近づくことはできません。

公平な観察者（フェア・ウィットネス）

いかなる集団や利害関係からも超脱した自由な孤独人だけが、そこにかかわるすべての立場に対して、真に公平な観察者（フェア・ウィットネス）の立場を取ることができます。ただ、すべての立場に公平にかかわる、公平に関与する、というだけではありません。それぞれの立場の表面的な言い分だけでなく、その背後に隠れたより深い言い分や、さらには、その場全体を支配してはいるが表には出てこない隠れた何ものかにまで、注意深く意識を向けていくには、その場そのものから離脱した超越的な〝第三の眼〟を保つことが必要となるのです。それぞれの立場に立つ人の表面的な言い分だけでなく、その背後に隠れた要求や、場全体を支配する何ものかの存在にまで注意深く目を向けるこの立場は、単なる意見調整としての民主主義ではなく、より深い民主主義、私たち心理学者が〝深層民主主義（ディープデモクラシー）〟と呼ぶものです。

たとえば、環境問題ひとつとっても、アメリカの立場、日本の立場、第三世界の立場、地球の立場、原子力発電の立場、テレビの前の傍観者の立場、さらには、「この不況を生き延びるのに精一杯、環境なんて知ったことじゃない」という立場、「現在世代は自分たちの利益しか頭にない」と憤る将来世代の立場……などなど、さまざまな立場からまったく違った角度で考えることができます。ワールドワークという参加者の深層心理に働きかけるグループアプローチでは、参加者がそれぞれの役割を自発的に取っていき、その役割を演じ、その立場になりきって発言することで、単に知的にでなく体験的に、それぞれの立場を仮想的に理解することができます。しかも、そうした仮想的な役割取得をおこなっていく際、参加者は、どの立場からも離脱した超越的な〝第三の眼〟、そこで起こっているすべての動きを外から見つめる〝公平な観察者〟の視点を保つように努めます。それにより、まだそこでは具体的な役割のかたちをとっていないにもかかわらず、その場全体に大きな影響を与える幽霊のような役割（〝ゴーストロール〟と呼ばれます）を見抜き、そこに役割を与えることで、その場で起きていることを促進していきます。

私の知る限り、このワールドワークの方法こそ、今、この世界で起きているさまざまな問題の本質を、どの視点にも偏らず、と同時に、あらゆる視点から、深くかつリアルに理解していくための最善の方法です。まさに人類規模のサバイバルが切迫した問題となりつつある現代において、このワールドワークという方法、またその方法に含意された仮想的役割取得という思考方法こそ、真に求められているものだということができます。そして、そこで要求される〝公平な観察者〟という超脱的な視点を保つのは、いかなる集団や利害関係からも超脱した自由な孤独人だけになしうることなのです。

今、私たちの世界に求められるのは、カリスマティックな魅力を持った個人による強力なリーダーシップによる世界の変革ではありません。求められているのは、マジョリティの声、マイノリティの声、そしてほとんどかたちにならず無視され続けている者（したがってマイノリティの存在によってさえ抑圧されている者）の声、そして、その場にまだ浮上していないけれどその場全体に大きな影響を与えている見えない何ものかの声、そうした声のすべてに耳を傾けることができ、そのすべての役割に仮想的に立つことができる人の存在です。小さな声をボリュームアップし、形なきものにかたちを与えることを通して、そこで起こるべきコミュニケーションのプロセスを活性化し、促進するという媒体者の役割を軽やかに取ることができる人の存在です。それは、深層民主主義（ディープデモクラシー）に必要な、苦しみや痛みを伴うリアルな、心の底からの対話についてファシリテータティヴ（促進的）な役割を演じることができる存在です。

そして、このような、見えにくいけれどきわめて重要な役割を果たしうるのは、どの立場にも束縛されることのない、自由な孤独人にほかなりません。今、世界を変えることができるのは――そう言って大げさであるならば、この世界に必要な変化が起きるための触媒の役割を果たしうるのは――どの立場にも属さず、したがってどの立場にも立ちうる、自由な孤独人なのです。

「隣人愛」のほんとうの意味――キルケゴール『愛のわざ』に学ぶ

ここで、多少話は飛躍しますが、この真に普遍的な立場、どの立場にも属さず、したがってどの立場にも立ちうる、という普遍性の要求を端的に満たそうとしたものとして、キリスト教の「隣人愛」の概念について、少し考えてみたいと思います。パウロは、さまざまな異教徒・異民族が集うローマで、それらと同レベルの新たな一つとしてでなく、メタ・レベルに立つ普遍宗教としてキリスト教を広めるためにこの「隣人愛」の教義を強調しました。それは、この概念が、「特定のどの人でもない、すべての人」を指す概念で、したがって「隣人愛」を実践するには、いずれの立場にも拘束されない、自由な孤独人であることが必要となるからです。

私が、この「隣人愛」という言葉の持つインパクトに気づかされたのは、「神の前での単独者」たることを説いたことで著名なデンマークの思想家、ゼーレン・キルケゴールの説明を読んだときです。

「隣人愛」というと私たちは、つい、「隣の人」を愛することだ、つまり、「たまたま縁あって出会った人はどんな人であれ、好き嫌いなく、親切にせよ」ということだ、と日常道徳的に理解しがちです。しかし、これは実はとんでもない誤解なのです。「隣人愛」の真の意味は、「特定のどの人でもない、すべての人」を愛せよ、ということであり、そのためには、むしろ先の理解とは逆に、縁あって近しくなった特定の人や特定の集団、たとえば、親、子ども、家族、恋人、友人、自分の属する会社、学校といったものを愛しすぎてはならない、それらに対して愛情を感じるのは自然なことであるが、それは偏った愛であり、エゴイズムの現れであるとして否定し、それを根こそぎ破壊し尽くさなくてはならない、とする考えなのです。

キルケゴールが、隣人愛の本質をどのように捕らえているのか。「汝、隣人を愛すべし」という言葉の本質について書かれた『愛のわざ』という著作をもとに、ここで少し、くわしく見ておきたいと思います。

キルケゴールはこの本で「汝、汝自身を愛するように、汝の隣人を愛すべし」という隣人愛の要請について、それは「まさにこの言葉が合鍵となって、自己愛という鍵をこじ開け、人間からそれを奪い取る」ためにあるものだと言います。人間は、自己愛に何よりも強く固執するものであるが、キリスト教は、この隣人愛の戒めによって、それをたった一撃で粉砕しようとするのだ、と。

そしてその上で、それを、この言葉の三つの要素、すなわち「べし」「隣人」「汝」という三つの要素を中心に分析し、神の前での単独者の愛と、一般の人間的な愛、すなわち友情や恋愛とを対比しながら次のように論じています。

①「汝、隣人を愛すべし」の「べし」の語で示されるのは、隣人愛の要求は、すべての人に無条件に要求される「義務」だということである。そして、「義務」となった愛は、人間の自然な感情としての愛とは、次の点で大きく異なってくる。「義務」としての愛は、時間の経過によって変化することのないたしかなものとなる。人間的な愛は、相手に対しても求めるから、相手がそれに応じてくれなければ憎しみや嫉妬に変わりかねないし、時間の経過に伴って習慣となった愛は生気を失いかねないが、義務となった愛は絶えず新鮮である。

②「汝、隣人を愛すべし」の戒めの中の「隣人」概念は、「縁あって隣にいる人」ではなく、「すべての人」を意味し、愛の対象を限定しない。そのことによって「隣人愛」は普遍性を持つことができる。自然な感情としての愛（家族愛、恋愛、友情など）は偏愛であり、それは利己的なものに支配されたもう一つの自己愛であるが、隣人愛は自己否定の愛である。また、家族愛、恋愛、友情

などの自然愛は差別にもとづく愛であり、結合が生じうるが、隣人愛は神の前での絶対的な平等のもとに何の差異もつけない愛であり、特定の個人や集団とのあいだに結合は生じえない。

③「汝、隣人を愛すべし」という戒めの言葉の中の「汝」という言葉は、永遠からの呼びかけの言葉である。この戒めの言葉を聴く者が、この「汝」になろうとするならば、それまでの人生態度を根底から覆さなくてはならなくなる。自分の要求を中心とした人生態度から、永遠からの要求に応えることを中心とした人生態度へと、生きる態度を転回させなくてはならなくなる。またこれに伴い、その人の愛のかたちも、自然な感情の発露としての愛から、永遠からの要求に応えるための愛に変わっていく。

ここでわかるように、キリスト教の隣人愛とは、私たちが自然に抱く近しい人への愛情、家族愛、恋愛、友情などとは根本的に異なるものです。「新約聖書全体を見渡しても、詩人が歌い、異教が崇拝したような恋愛については、ただの一言も記されていない」「新約聖書全体を見渡しても、詩人が歌い、異教が崇拝したような友情についても、ただの一言も記されていない」。「もし、恋人や友人との関係においてキリスト教的な愛を学ぶことができると信じている人がいれば、その人は、ひどい思い違いをしていることになる」とキルケゴールは言います。

自然愛と隣人愛とは、まったく異質なものです。自然愛の情熱は、たったひとりの人に注がれますが、隣人愛の対象はすべての人であり、そこでは、ただひとりの人も、締め出されることがありません。そこでは「仲間か敵か」は問題とならないのです。「恋人や友人が、全世界でたったひとりの人しか愛せなくなるほどその人を愛するのだとしても、この途方もない献身の中には、途方もないエゴが潜んでいると言わなくてはならない。この猪突猛進的な、果てしない献身の中で、愛する人は、自己愛的に自分自身とかかわっている。そして、この自己愛的なもの、このエゴイズムを、永遠の『汝、なすべし』は否定し、根こそぎにしようとする」。このように、隣人愛は、近しい人への自然な愛情の否定と破壊によってのみ、可能となるものなのです。

どの立場にも開かれた、自由な孤独人たれ

これまで見てきたように、キルケゴールの理解する「隣人愛」は人間的な愛ではなく、すべてが神のためにのみ、なされるような愛です。「何よりも高く、神を愛するべし。そうすれば、汝は隣人をも愛するであろうし、隣人において、すべての人を愛するだろう」と言うのです。

キリスト教ですから、当然といえば当然ですが、その徹底性に――特に隣人愛は、友情、恋愛、家族愛といった自然愛と真っ向から対立すると考えられていることに――驚かれた方も少なくないのではないでしょうか。私たちの日常感覚では、これらは疑うことなくよいこととして受け取られていますし、特に家族愛などは何よりも大切なものと考えられていることが多いものだからです。

しかし、改めて考えるまでもなく、家族愛や特定の人への友情、恋人との恋愛などに私たちが没頭することは、同時に、普遍的な倫理の立場に立ちえなくなること、言葉の真の意味での「隣人」を愛することができなくなることです。

「家庭の幸福が、諸悪の源」というのは太宰治の晩年の言葉ですが、この言葉に何かドキリとさせられるものを感じるのも、「家族愛」という、今の日本では誰からも疑いなくよきこととみなされるものの中にこそ、何か生臭いエゴイズムの匂いを感じるからではないでしょうか。「家族」や「友人」が何より大切、という広く受け取られている感覚の中には、「家族」や「友人」以外の、赤の他人は何ら大切なものではない、という生々しいエゴイスティックな感情が暗に含意されているからです。「仲間」以外には何の共感も感じず、ホームレスを殺人にまで追いやる若者たちの行動に、今の日本で暗黙のうちに共有されてしまっているそうした感情が噴出しているのではないでしょうか。

そのように考えると、「隣人愛」という普遍性の要求は、まさに、今の日本でこそ重要な意味を持ちうるもののように思えてなりません。

私は何も、家族や友人を大切にするな、粗末に扱え、と言っているわけではありません。家族や友人を大切にしながらも、心の奥では、それらより以上に大切なものとして「隣人愛」の感覚――すなわち、「特定のどの人でもない、すべての人」の立場に立ちうる、という普遍性の感覚――を保持し続けることが重要だ、と言っているのです。そして、そうした感覚に絶えず開かれているためには、「どの立場にも属さず、したがってどの立場にも立ちうる」という自由な孤独人たることが求められるのです。

4　〝人間を超えた何か〟との出会い

私はこれまで、こう述べてきました。

孤独を恐れるな。

孤独は、人生の普遍的な本質であり、人間であることの真実なのだから、孤独であることをみずから積極的に引き受けよ。

人はみな、ひとりで生きていく。

この真実を深く引き受けた人間だけが、自分自身と対話し、より深い心の知恵を聴きながら、生きていくことができる。自己との対話を絶えず積み重ねることでしか手に入れることのできない、精神の厚みを増すことができる。

つまり、孤独な人間だけが、自分自身と対話し、自己と出会うことができる。

また、そのようにして、自分自身と出会い、自分の心の声を聴くことのできる孤独な人間同士だけが、深く出会うことができる。

お互いのつながりや共通点を確認し、他者を排除することで自分のさみしさや不安を打ち消すような表面的なつながり、もたれ合いではなく、お互いの違いを前提とし、どうしようもないわかり合えなさを認め合う中で、それでも少しでもわかり合い、響き合うような深い心と心の交流を持つことができる。

つまり、孤独な人間同士だけが、心の深いレベルで対話し、交わり、出会うことができる。そしてさらに、孤独な人間だけが、ほんとうの意味で普遍的な立場（ということは、不偏の立場）に立つことができる。

家族や友人、恋人といった特定の人を対象とした偏った愛情ではなく、自分とは何の利害もない見知らぬ人やホームレスの人でさえ、あるいは、もっと言えば犯罪者でさえその対象に含むような、言葉の真の意味での「隣人」を愛する立場に立つことができる。

すなわち、真に自由な孤独人だけが、「特定のどの人でもない、すべての人」の立場に立ちうるという普遍性の感覚を保持し続けることができるのです。

言葉を変えれば、こんなふうに言うこともできます。

孤独な精神を持った人間だけが、人間としての本道をまっとうすることができる、と。

つまり、孤独の精神を持って生きている人だけが、誰からも束縛されない自由な立場を保ちうるから、外的な要求や圧力に屈することなく、また、ほかの誰かの犠牲になったり逆に誰かを犠牲にしたりすることもなく、この世にいのちを与えられた限り追求すべき〝ほんとうの人生〟を求めていくことができるのです。

そして、自分にとっての〝ほんとうの人生〟を求め続けるすべての人に、最後に与えられる出会いがあります。

〃人間を超えた何か〃との出会い。超越的な世界との出会いです。

ひとり、剝き出しの〃世界そのもの〃と向かい合う

この〃人間を超えた何か〃はしかし、いわゆる宗教的な超越者、もっとていねいに言うと、集団的な宗教の信仰の対象としての超越者である必要はありません。

否、そのような、既に特定の〃かたち〃を持った超越者ではない。

孤独な精神の持ち主が、ひとり、〃ほんとうの人生〃を求め続ける。

その孤独な旅の途中で、彼がもはやどうしようもできない行き詰まり、いかんともしがたい限界に直面して、はたと立ち止まる。

そのとき、孤独人が出会うのは、特定の〃かたち〃を持った何か、ではない。

むしろ、まだ何の〃かたち〃も持ちえない、未定型な、不気味な、何か。

あえて言えば、〃剝き出しの世界そのもの〃とでも言うほかはない。

どんなかたちも持ちえないがゆえに、どんな言葉で表現されることも拒む、その何か。

その〃何か〃の前で、孤独な精神の持ち主は、ひとり途方に暮れて、たたずむよりほか術はないのです。

周知のように、キルケゴールは、人間の精神は倫理的な段階では完結せず、宗教的な段階に進まざるをえなくなる、と言いました。

しかし、そこでキルケゴールが言う宗教性とは、集団でおこなう超越者への信仰ではなく、〝ほんとうの人生〟をどれほど求めても求まらない孤独な人生の旅人が、そのどうしようもない限界、行き詰まり（アポリア）に直面してはじめて可能になるような神との出会い。人間の側からはまったく理解不可能な、不条理きわまりない神の前で、ひとりたたずむよりほかない単独者。このような、その前では、すべての言葉が絶え果てるほかない理解不可能な神との出会いをキルケゴールは、普通の宗教性（宗教性A）と区別するために、宗教性Bと呼びました。

何度も言いますが、そこで単独者が出会うのは、あらゆる言葉を超え、人間の理解を超えた不条理な超越者。前期ウィトゲンシュタインが、「語りえぬものの前では、沈黙せねばならない」（『論理哲学論考』）と言った、その〝語りえぬもの〟。

そうした、人間の側の容易な理解や解釈、投影を拒む、ただただ剝き出しのこの世界そのもの。その、世界そのものの前でたたずむよりほかない瞬間が、孤独な求道者にはいつしか訪れざるをえなくなるのです。

〝語りえぬもの〟の前で

孤独な求道者が体験する、剝き出しのこの世界そのものとの出会い。

そこでは、ただ、恐れ、おののき、沈黙するほかない、その瞬間。

こうした体験を何とか言葉にしようと、多くの人が試みています。ウィトゲンシュタインも言うように、それが〝語りえぬもの〟であることを知りつつも、同時にそれが、私たちの人生にとって決定的に重要な、欠くことのできない何かであることがわかるがゆえに、何とか言葉にしようとせずにいられないのでしょう。

それを〝神〟と呼んでしまうなら、もちろんそう呼ぶこともできます。しかし、そう呼んでしまうと、あらゆる理解を超えたその何ものかの、〝言語を絶した〟あの感じがうまく伝わらない――おそらくそうした動機づけからでしょう。さまざまな人が、実にさまざまな言葉をその何ものかを表現するために考え出しています。

たとえば、実存哲学で著名なヤスパースという人は、それを「世界そのものである包越者」という独特の言葉で表現しています。ヤスパースによれば、哲学というのは、宗教と異なり、徹頭徹尾、自分自身の頭で考え抜くことをその本分としており、あらゆる依存を拒むものです。しかし、自分の頭で考える、というこの作業をどこまでも突き詰めていくと、人間理性の限界に直面し、それを超えた〝何ものか〟に出会わざるをえない。〝語りえぬもの〟の前でひれ伏さざるをえない。そんな瞬間が必ず訪れる、と言い、それを〝哲学的信仰〟と呼びます。つまり、哲学が、哲学としての本分をまっとうするためにそれがそのまま信仰にならざるをえないような体験。その時、人が出会う〝何ものか〟、それをヤスパースは「世界そのものである包越者」と呼ぶわけです。「包越者」とは、ヤスパース独特の概念ですが、文字通り、すべてを包み込むもの、つまり超越者です。しかしそれは、この世界とは別のどこか遠くにあるものではなく、この世界そのものとイコールであることを言うために、わざわざこんな言葉を用意したのです。

ハイデッガーの存在論は、「神なき神学」と呼ばれますが、彼は、この世のすべてのかたちあるもの、つまり存在者を存在せしめているその根拠を「存在」と呼び、それを主題化しました。「存在とは何か」がハイデッガー哲学のテーマだったわけです。

サルトルは、この、一切のかたち、言葉を拒む、世界そのものに出会うとき、人はそのあまりの不気味さに吐き気をもよおさざるをえない、とその感覚を『嘔吐』という小説のテーマとして描きました。

このように、そのニュアンスはかなり大きく異なるけれど、この〝何ものか〟＝〝語りえぬもの〟は実にさまざまな言葉にされてきました。

おそらくは、言語による理解を絶するこの体験は、さまざまな宗教的体験にも通じるところがあるはずです。

仏教では、流派によって異なりますが、「無」とか「空」といった言葉が、この、言語が絶する感覚をよく表していますし、禅などは——不立文字《ふりゅうもんじ》という表現がまさに示しているように——この、言葉にできない体験を、そのまさに言葉にできなさを大切にしながら言葉にする、というきわどい作業を突き詰めているように思えます。

世界そのものとの直接的出会いは、孤独を突き詰めた末にはじめて訪れる

重要なのは、この〝語りえぬもの〟との出会いは、自分の道を求め続ける孤独な精神の持ち主が、そのギリギリの限界、行き詰まりにまで自分を追い込んだときはじめて訪れるものだ、ということです。

私の専門であるトランスパーソナル心理学という新しい心理学では、このことを、ごく大雑把に言うと、次のように説明しています。人間の成長は、①プレパーソナル（互いに依存し合い、もたれ合った段階）→②パーソナル（依存から自立し、個を確立した段階）→③トランスパーソナル（人間を超えた何かと出会い、それとの対話のうちに生きる段階）という段階を必ず踏むのである、と。

つまり――集団的信仰とは異なる――人間を超えた何か＝〝語りえぬもの〟との直接的出会いは、孤独を知らない、依存的な人間には起こりようがない。それは、他者への依存やもたれ合いから脱却し自立した孤独な精神の持ち主が、みずからの生き方をギリギリまで問い詰めた末にはじめて可能になるものなのです。

私自身、かつて、約七年に及ぶ苦しみの末に――そしてその苦悩がついに破裂し朽ち果てたその瞬間に――そうした体験を持ったことがあります。その体験については、すでにいくつかの拙著（『運命の道は見つけられる』サンマーク出版、『生きていくことの意味』ＰＨＰ新書など）でくわしく述べましたので、ここでは省略しますが、その体験を通して私にわかったのは、この、言語を絶する〝何ものか〟＝〝語りえぬもの〟の直接体験は、しばしば、その後の人生に大きな変化をもたらすも

のだ、ということです。

超越的な地点から、自分自身を見つめる目を持つ

そこで何が生じるのか。この点については、それだけで一冊を充てる必要があるほど、重要なテーマとなりうる問題でしょう。

しかし、間違いなく、こうした体験のエッセンスをなすものの一つは、〝主体の転換〟の体験、そして、それに伴う〝立脚点の転換〟の体験です。

つまり、こうした体験を持つ以前は、人は〝私〟を中心にこの世界を、この人生を捕らえている。私は、私以外の何ものでもなく、私以外ではありえない、と思って、いわば常識的に、自分を、この世界を捕らえている。

しかし、人間を越えた〝何ものか〟＝〝語りえぬもの〟の直接体験が生じた後は、しばしば、この〝何ものか〟を主体として、自己や世界を捕らえ始める。

私はたしかに私であるが、同時に、この〝何ものか〟がとった一つのかたちでもあるかもしれない。その〝見えない何か〟が、この見える世界で、たまたまとった一つのかたちが、私なのかもしれない——そんなふうに、この〝語りえない何か〟〝見えない何か〟の側から、それを主体とし、そこを立脚点として、そちらの側から自己や世界を捕らえたほうが、リアルな自己理解であり世界理解である、と感じられる。そんな瞬間が訪れるのです。

これは言わば、これまでとはまったく異なる地点から、自分や世界を捕らえ、眺める体験です。そして重要なのは、そのような体験がいったんしっかりなされれば、その後にもずっと、そうした視点は残り続けうる、ということです。

つまり、それまで〝私は私であり、私以外の何ものでもない〟と思っていたのが、この体験のあとでは、〝私は私であるが、同時に私は、この見えない何かがとった一つのかたちでもある〟＝〝その見えない何かが、私している〟という自己理解も可能になるのです。

すると、自分を離れた地点、自分を超えた地点（メタな地点）から、自分を見つめる〝もう一つの目〟を意識し、その目を通して自分自身を見つめることができるようになる。自分を超えた地点から、自分を見つめる〝もう一つの目〟を、自分自身のうちに内在化することができる。絶えず自分を自分を離れた地点から見つめる、という自己省察が可能になるのです。

孤独をまっとうするために

この、自分を離れたところから自分を見つめる目を持つ、ということは、トランスパーソナル心理学が最も重要視していることでもあります。

自分を超えた、自分を離れたところから、自分自身を見つめるまなざし。

それをトランスパーソナル心理学では、メタコミュニケーターとか、フェア・ウィットネス（公平な観察者）とか、第三の眼、などと、さまざまな言葉で表現しますが、要は、瞑想的な態度で、起こりつつあるすべてのことをそのまま認め、見つめるようなまなざしを、私たち自身の内側に保持する、ということです。

この、トランスパーソナルな（自分を超えた）まなざしをみずからのうちに保つことによって、私たちは、人間を超えた〝何ものか〟＝〝語りえぬもの〟と接触しながら生きていくことができます。この視点を持つことによって、孤独な人は、その完全な孤独において、実は孤独ではなく、その、人間を超えた〝何ものか〟との対話の中で生きている、ということに気づくことができるのです。

孤独な人が、その孤独をまっとうして生きていくためには、心のうちで、人間を超えた〝何ものか〟と対話しながら生きていくような視点を保持することが不可欠であると、私は思います。人が、その孤独を貫いて生きていくには、心のうちで、自分を超えた地点から自分を見つめるまなざしを持つこと、またそれを通して、自分を超えた何かと対話しつつ生きていくことが不可欠である、と思うのです。そうしたまなざしさえ欠いたまま――つまり、単に物理的に孤独であるだけでなく、心のうちにも対話の相手を持たずに文字通りたったひとりで――孤独を貫くことができるほど、人間は、強い生き物ではないからです。大切なのは、物理的にひとりであるかどうかではない。心のうちに対話の相手を持った孤独こそ、真に充実した、鍛えられた孤独なのです。

また逆に、こうも言うことができます。

孤独な精神の持ち主は――誰にも依存せず、何にも屈せず、その孤独を貫き、まっとうするためにも――絶えず自分を見守り、自分と対話する超越的なまなざしをみずからのうちに内在化し、それを育んでおくことが必要だ、と。

人間を超えた〝何ものか〟とのつながり。それをたしかにし、それとの対話のうちに生きる人は、それに支えられて、孤独な精神を貫くことができるのです。

第四章　孤独とカウンセリング

カウンセリングとは、〝自分〟を取り戻すためのもの

これまで、孤独であること、ひとりでいることの本質について述べてきました。そして、現代の日本、とりわけ若い人たちのあいだで、孤独であること、ひとりでいることがきわめて否定的なまなざしで捕らえられがちであること、ひとりになることがきわめて難しい問題であることを指摘してきました。

第一章で述べたように、日本の若者の多くは〝ひとりじゃいられない症候群〟〝孤独嫌悪シンドローム〟にかかっています。それが、学校においては不登校、いじめ、非行などにつながり、大学や会社のＯＬにとっては〝ランチメイト症候群〟となり、さらに、ｉモードを駆使して絶えず友だちと連絡をとっていないと不安になったり、はたまた、二週間単位で恋愛相手をコロコロと変えてはひとりになることを回避しようとする傾向などにつながっている、と言いました。

このように、〝ひとりじゃいられない症候群〟にかかっている若者たちが、では、なぜあやういのか。そこで彼ら彼女らが失ったものが、〝自分〟自身だからです。

「誰かと絶えずつながっていたい。そのことを確認していないと落ちつかない」

そんな気持ちで、不安を打ち消すために、彼ら彼女らは絶えず仲間と連絡をとり合うのですが、そうすることによってますます〝自分〟を喪失してしまう。

だから「自分が何を感じており、何を欲しているのかが、わからない」と多くの若者たちは訴えるのです。


私の専門はカウンセリングですが、カウンセリングとは、このように、自分を見失いがちな現代人が自分を見つめ、自分を取り戻すための心理学的援助方法です。

これは、若者たちの問題に限らず、たとえば育児不安からわが子を虐待していた母親が自分を見つめることによって自分を取り戻していく、仕事の責任のプレッシャーからうつ状態になっていた会社員が自分を見つめることによって自分を取り戻していく。こうした〝自己回復の場〟を用意するのが、カウンセラーの仕事です。

言い換えると、前章で述べた〝ほんとうの孤独〟〝ひとり〟になりきって自分の声を聴く体験、これを用意するのが、カウンセリングという場なのです。

そこで本章では、カウンセリングの中で何が起きるのか、そのエッセンスを〝ひとり〟になる体験とのかかわりで述べていきたいと思います。さらに次の章では、読者が自分ひとりでもできる〝自分で自分におこなうカウンセリング〟〝自分で自分の心の声を聴く方法〟であるフォーカシングという方法を紹介します。

カウンセリングで何が起きるか

読者の中には、カウンセリングと言われても、ほとんど何のことかわからない、という方もおられるでしょう。

何かの悩みを相談しにいくところ、というイメージ程度しか持っていない、という方も少なくないかもしれません。

実際、何年か前、ある大学の学生相談室で働いていたときのこと、カウンセリングの開始時に次のようなやりとりを何度も持ったことがあります。

ある男子学生がカウンセリングルームに入ってきました。

学生「ここは、そんなに深刻じゃない問題でも話していいところですか」
私「もちろんだよ。友だちのこととか、恋愛のこととか、勉強のこととか……何でもいいですよ」
学生「そうですか。ぼくはこんなところに相談にくるのは、今にも死にそうになっている人だけかと思っていました」
私「みんな、友だちのこととか、恋愛のこととか、勉強のこととか……いろいろと話していきますよ。特に悩みがないけど、さみしい、つまんないってことを話していく人もいます」

こんなふうにして、少し気持ちをほぐしてから、カウンセリングを始めることが多いのですが、始めてみると、既に数度自殺未遂の体験があったりして、驚かされたこともしばしばあります。もっとも、当の本人にしてみれば、今の自分の問題を「そんなに深刻じゃない」「たいしたことじゃない」と捕らえているから、何とかやっていける。「死にそうなほど深刻」と捕らえてしまえば、問題に立ち向かう気力さえまったく失せてしまうのがどこかわかっているから、そういう表現を使うのでしょうが……。

いずれにせよ、一般のあいだではカウンセリングといっても、まだまだなじみがあまりない。最近になって、全国の中学校にスクールカウンセラーが配置され始め、カウンセリングという言葉がようやく一般の人々のあいだに浸透し始めた、というのが実情でしょう。

中には、たとえば、あるカウンセラー養成講座の受講生にさえ、こんな疑問を持っている人もいます。

「カウンセリングを受けて、いったい何になるのだ。私は、誰かに助けてもらうのは、好きじゃない。自分の問題は、自分で解決すべきだと思っていて、だから、人に悩みの相談をしたことなんて、ほとんどない。ストレス発散くらいにはなるかもしれないが……」

そんな人がなぜ、カウンセリングを学ぼうなどと思うのだろう、と私は少し、不思議な感じさえしますが、この方のこのもの言いに、カウンセリングに対する一般的な誤解が含意されています。

カウンセリングとは、決して「ほかの誰かに助けてもらう」ことではありません。

カウンセリングを受けている人も、あくまで、「自分で」自分の問題を解決するのです。カウンセリングとは、その人が、その人自身で、自分らしいやり方で問題に取り組んでいく、そのプロセスを支えることなのです。

先にも述べたように、悩める人の多くは、自分の気持ちがわからなくなってしまっています。自分の気持ちが見えなくなってしまっている、と言ってもいいでしょう。

カウンセリングとは、このような人が、自分の心の声に耳を傾けることによって自分を取り戻していく。自分自身になっていく。そのプロセスのことを言うのです。

こう言っても、まだわからない、という方もおられるでしょう。

カウンセリングの世界で〝神様〟のような扱いを受けているカール・ロジャーズという人がいます。まず、この人自身の言葉に耳を傾けてみましょう。

ロジャーズの次の言葉は、カウンセリングを受けた人の体験のエッセンスを実に見事に表しているように思います。

「私が自分自身を受け入れて、自分自身にやさしく耳を傾けることができるとき、そして自分自身になることができるとき、私はよりよく生きることができるようです。……言い換えると、私が自分に、あるがままの自分でいさせてあげることができるとき、私は、よりよく生きることができるのです。」（Rogers, 1961）

カウンセリングを受けにくる方（一般に〝クライエント〟と呼ばれます）は、自分を受け入れることができずにいます。

たとえば「みんなの前でパリッとしている私はオーケーだけれど、部屋に帰ってグズグズ悩んでいる私は、キライ」「俺は、どうして、女の子の前にいくと素直になれないんだろう。特に好きな子の前にいくと、よけいにかっこう悪く振る舞ってしまう。……」

こんなふうに、自分の一部は受け入れることができるけれど、別の自分は受け入れることができない。でも、それはすごく無理なことなので、自然と苦しくなってしまう。そうした葛藤から、カウンセリングを受けにくるのです。

そしてカウンセリングを受ける過程で、それまで自分で否定していた自分の一部も受け入れることができるようになっていく。いいとか悪い、肯定する否定するではなく、その部分も、どうしようもなく自分自身の一部であることを認め、受け入れていく。それにより、周囲の人の目や世間体ばかりを気にして取り繕っていた〝見せかけの自分〟から離れて、〝より深く、自分自身に根ざした自分〟へと変わっていく。

成功するカウンセリングの中では、しばしば、こうした〝自己受容のプロセス〟〝表面的な、人の目を気にした自分〟から〝より深く、自分自身の心の声に根ざした自分〟へと変化していくプロセスが生じるのです。

ロジャーズはこのあたりのことを次のようにさらにストレートに表現しています（Rogers, 1961)。まずそれは、次のように否定形で表現されます。

①「偽りの仮面」を脱いで、「あるがままの自分」になっていく。
②「こうあるべき」とか「こうするべき」といった「べき」から自由になっていく。
③ひたすら、他の人の期待を満たし続けていくことをやめる。
④他の人を喜ばすために、自分を型にはめるのをやめる。
その後、肯定形で、次のように表現されています。
①自分で自分の進む方向を決めるようになっていく。
②結果ではなく、プロセスそのものを生きるようになる。
③変化に伴う複雑さを生きるようになっていく。
④自分自身の経験に開かれ、自分が今、何を感じているかに気づくようになっていく。
⑤自分のことをもっと信頼するようになっていく。
⑥他の人をもっと受け入れるようになっていく。
より自分らしい、あるがままの自分になる人はこうした方向に向かっていく、とロジャーズは言います。そのとき人は、他者からの期待や「こうあるべき」という思い込み、そして仮面をつけていた「偽りの自分」から離れていき、その時々の自分の気持ちに従いながらそのプロセスを生きるようになっていく、というわけです。

とはいっても、こう反論したくなる方も、おられるでしょう。

「あるがまま」の自分になるだなんて、とんでもない。自分の本心は、きわめて強欲で、自己中心で、醜い欲望の塊であることは自分自身でよくわかっている。そんな自分の暗い衝動、心の闇を、自分自身であると認めるなんて、とんでもない。そんな恐ろしいこと、できっこない。もしできたとしても、私は、この社会から葬り去られることが確実だ、と。

しかし、ロジャーズはこう言います。人は、現実の、あるがままの自分を心の底から認め受け入れたとき、はじめて、意味のある変化が生じてくる、と。「面白い逆説なのですが、私が自分のあるがままを受け入れることができたとき、私は変わっていくのです。私たちは、自分の現実の、そのあるがままの姿を十分に受け入れることができるまでは、決して変わることはできません。今の自分から変わることはないのです。これは、私自身の経験と、クライエントの両方から学んだことです。」(Rogers, 1961)

人は、他者との関係の中ではじめて〝自分自身〟になれる

ロジャーズは、こう言います。「自分自身を受け入れて、自分自身にやさしく耳を傾けることができるとき、人は、真に自分自身になることができる」のだと。

カウンセリングとは、人が自分の心の声を聴いていく、そのお手伝いのことです。カウンセリングを通して、人は、〝自分の心の主人公〟に、言い換えると〝自分の人生の主人公〟になっていくのです。

カウンセリングでは、このようにして人が自分を受け入れ、自分の心の声に耳を傾けて、真に

〝自分自身〟になっていく上で最も必要なことは、他の誰かから無条件に受け入れてもらえる関係においてはじめて可能になると考えられています。

他者に受容され共感される関係こそ、人が真に〝自分自身〟になる上で必要不可欠なものだ、と考えられているのです。

このことを、デイヴ・メァーンズというスコットランドのカウンセリングの先生は、こんなふうに言います。そこで自分がじゅうぶんに〝自分自身〟でいることができるようなスペース（空間）が与えられること。自分の一部だけでなく、自分の心の光の部分にも、そして闇の部分にも、それみずからが語りだすことができるような、じゅうぶんなスペースを与えられる、ということ。そのような、心のどの部分にも、じゅうぶんなスペースを与えるような人間関係を提供することに、カウンセリングの人間関係の本質的な特徴がある、とメァーンズ先生は言うのです。

そしてそのスペースを、自分自身でよく味わうことができるとき、その人の心の全体性が――というより、心のそれぞれの部分がおのずと語り始めるのです。その声を自分自身で受け止めていった結果、クライエントはより深く、自分自身となっていくのです。

私の「気づき」体験

では、このようなカウンセリングの体験と〝ひとり〟とはどのような関係があるのでしょうか。少々恥ずかしいのですが、まず私自身の体験を少し話しておきたいと思います。

これまでの人生で私が最も苦境に立たされたのは、中学三年から大学三年生にかけてです。悩みの内容については、既に別の本に書きましたのでここでは触れませんが、ともかく当時の私は、あたかも〝世界中の不幸の責任〟が自分にあるかのような、そんな意識に苛まれて、悶々とした日々をすごしていました。

そんな暗黒の青春のただ中にあった大学三年のある秋の日。いくら悩んでも答えが得られず、半ば自暴自棄になりかけていた私は、当時所属していたサークルの先輩で、大学院生の末武康弘さん（現法政大学助教授）のアパートを訪れました。

論文執筆で多忙なはずの末武さんは、それでも私の話につきあってくれました。私もそれに甘えて、つい夜を徹して、そのままアパートに居すわっていました。

そのときの二人の会話の様子は、だいたいこんなふうだったと思います。

私がぽつりぽつりと漏らす言葉を、末武さんは、肯定も否定もせずにただ黙って聴いてくれる。何かアドバイスをくれるわけでも、ていねいに確認をしてくれるわけでもなく、時折ただうなずくだけで、何も言わず、黙って聴いていてくれたのです。

そんな中、ぽつりぽつりと言葉を漏らしていると、私の意識状態にちょっとした変化が生じ始めました。少し意識がぼんやりしてきて、注意は上方の空間あたりをさまよい始める。そして、もちろんしっかり意識をすればそこに二人がいるのはわかるのだけれど、特に注意を向けない限り、そのことはわからない。たしかに二人でいるのだけれど、何か自分〝ひとり〟でいるような、そんな感じ。そこは、ただ自分〝ひとり〟だけしかいない、自分〝ひとり〟の空間で、そしてそのままでいることを許されている。そんな状態になったのです。

これはもちろん、ひとりで考え事をしているときの、あのにっちもさっちもいかない堂々めぐりとは違います。そのような「観念」はもう、頭の中から消え去っている。頭の中はただ「空っぽ」で、そして特に何かを期待しているわけではないのだけれど、それでもなお、〝何か〟が聞こえてくるのを待っている。そんな意識状態だったのです。

するとそこに、ぽーんと次の言葉が飛んできました。

「お前はそんなに偉いのか」

そしてこの言葉は、あたかも〝世界中の不幸の責任〟が、したがって〝世界を変える責任〟が自分にあるかのように思い込んでいた私を、いっきょに捕らわれから解放してくれたのです。この言葉を受け取った直後に、「そう、僕はそんなに偉くない」という素直な反応が自分の中から生まれてきました。すると続いて、それに関連した新たな考えが次々と生まれてきました。「そう、僕はそんなに偉くない。僕も自分にできることは精一杯やる。けれどそれでいいのだ。自分ひとりですべてを背負い込む必要はない。自分でできることを精一杯やって、ほかのことは人に任せればいいんだ」。そんな、言わば当たり前のことを、悩み始めて八年ほど経って、はじめて素直に受け入れられる気持ちになれたのです。

明け方、先輩のアパートから自転車をこいで帰る途中、それまで自分で背負い込んでいたたくさんの荷物が、背中からどーっと抜け落ちていくイメージがありありと浮かんできたのを覚えています。心身脱落とはまさにこのことを言うのでしょう。突然からだが軽くなり、圧倒的な解放感に襲われたことをハッキリと記憶しています。

「あぁ、これで生きていける」――私は、心の中で、そうつぶやきました。

人は、他者との関係の中ではじめて〝ひとり〟になれる

この一夜の体験をきっかけに、さまざまな気づきや覚醒体験が起こり、その一年後に決定的な救いを得るのですが、このことはここでの論旨とあまり関係がないので、省略します（ほかの拙著、たとえば『運命の道は見つけられる』サンマーク出版、『〈むなしさ〉の心理学』講談社現代新書などにも書きましたのでそちらをご覧くだされば幸いです）。

まず、不思議なのは、私の心に突然飛び込んできた「お前はそんなに偉いのか」という言葉。これを私は、相手から（末武さんから）言われたのだと思っていましたが、あとで確かめたところ、そのようなことを言った覚えはない、とのこと。末武さんが忘れただけなのか、それとも、あの言葉は私の心の中から出てきた言葉でそれを他の人の言葉として錯覚しただけであったのか、定かではありません。

それはともかく、カウンセリングの本質にとって、より重要な意味を持つものとして私の心にひっかかったのは、「たしかに二人でいるのだけれど、何だか自分〝ひとり〟しかいないような、あ

の体験」のことでした。

自分がぽつりぽつりと話をしているときに、それを解釈されるでもなく、アドヴァイスをされるでもなしに、ただ黙って話を聴いてもらっている。すると、たしかに客観的には二人でいるのだけれど、何だか自分〝ひとり〟でいる、そんな感じになってくる。けれどもそれは、ひとりで考えごとをしているときとは全然違う。そんなときに決まってひっかかる捕らわれや堂々めぐりからは自由になっていて、もっと存分に、のびやかに〝ひとり〟で思いにふけることができる。そんな〝充実したひとり〟の体験。

そして、思い起こすと、そのような体験は何もあの夜に限られたことではなく、人との関係の中で自分の真の気持ちに触れているときに、何度か味わったことのあるものだったのです。

「真空」をめぐる友田不二男の洞察

この体験を通して私は、「他の人と共にいながらにして〝ひとり〟になれる」、どうやらそのあたりにカウンセリングの秘密があるような気がしてきました。しかし、それを説明してくれる理論は見当たりません。ロジャーズを読んでも、フロイトやユングを読んでもそれに当たる箇所はなさそうだ……。

そんなわけで、自分の体験の核を言葉にしてくれる理論が見つからず、途方に暮れていたところ出会ったのが、日本にロジャーズのカウンセリングを紹介して活躍した友田不二男さん（以下、敬称略）の言葉でした。

カウンセリングや心理療法の世界における最初の逐語記録の公刊として有名な事例にロジャーズの「ハーバート・ブライアンの事例」（Rogers, 1942）があります。この訳本の編者であった友田は、詳細な注釈を付して、クライエントのブライアン（仮名）が吐いた「真空（Vacuum）」という言葉の意味を論じています。そこで友田は、カウンセリングや人格変化の本質にかかわる独自な持論を展開しているのですが、それが、私の体験の核心を突いているように思えたのです。

全部で八回おこなわれた面接の六回目で、クライエントのブライアンは「成長は環境の中では起こったことがな」く、それは「何かしらひとりぽっちの黙想のようなもの」だと言います。「宗教的な神秘主義者は長いあいだひとりで黙想する」が、そこには「何かしら力を強化するようなことがあるに違いない」と言うのです。また七回目の面接でも、人間の決心そのものは真空中で可能だけれど、その決心は外的状況で養われる必要がある、という趣旨の発言をおこなっています。

これに対し、「そんなふうに成長が起こるとは思えない」とカウンセラーはこれに否定的に応答します。またその論評の箇所でロジャーズも、このクライエントの成長について、彼は「真空中で自分を治す」という「ごまかし」に気づき、真空中においてでなく、実際に生きている状況において問題を解決するようになったのだと説明しています。

一方、編者の友田は、成長は「真空」ないし「ひとり」の状態で起こるというブライアンの発言を支持し、これは「まことに重大な意味を持つ洞察的な表現もしくは提言であり」、「人間の真相」

はそうでしかありえないと言います。そればかりか、「真空」においてこそ飛躍的な成長や人格変化は起こる、というブライアンの考えについて、「カウンセリングもしくはサイコセラピィに関し、さらに一般的に言って〝人間の成長〟に関して、まことに絶大な洞察を含んでいる」と絶賛しているのです。

ブライアンの「真空」をめぐる友田の洞察は、『ロージァズ全集』一八巻（岩崎学術出版）所収の対談中の次の発言においてきわめて明瞭に述べられています。

「ハーバート・ブライアンと名付けられたクライエントが、人間が変化するのは、わかりやすくいうと〝ひとりぽつんといるとき〟である、人間と人間の接触があったり、現実の状況の中では、人間は変化しない、と言いだすんですよ。カウンセラーはこの意見に反対で、〝人間関係において人間は変化し成長してゆく〟という。このところがわたくしのキイ・ポイントになるので注釈をたくさんつけたんですけれど、わたくしは確かにクライエントに軍配をあげているんですよ。

人間はひとりでぽつんといるときに飛躍したり成長したりしてゆく。その飛躍や成長を確かめてゆくのが人間のつながり、具体の世界、であるけれど、その現実の世界、現実の人間関係において成長が起こるのではない、と思うんです。……これをカウンセリングにもってくると、ロージァズのテクニックが意味を持ちうるのは、クライエントがひとりでぽつんと置かれた状態になることにある。」（友田ら、一九六八）

さらに、クライエントが面接中に体験する「飛躍」について論じたある論文（友田、一九七四）では、友田の面接におけるクライエントの次の言葉が引き合いに出されています。

「おっかしいなあ。私が話していると、いつの間にか先生が消えていなくなっちゃう」
「ああいるんだなあ、と思って話してるとまた、先生がいなくなっちゃう」

つまり、カウンセリングの中で、相談に来られた方が、自分の悩みを話していき、その体験が深まっていくにつれて、意識が話し相手のカウンセラーから離れていく。そしてそのピークにおいては、カウンセラーの存在さえ、意識から飛んでしまう。そうした報告を友田は何度も受けた、というのです。

このように、友田によれば、カウンセリング面接の中ではしばしば「クライエントが、カウンセラーはもちろんのこと、クライエント自身をも全く意識しないような状態にまでなる」。そして「人格変化」と呼ばれるような「飛躍」的現象は、おおむねこのような状態において、つまり外から見れば「二人の人が話し合っている場面」のように見えながら、「体験のレベル」ではそこには「ひとりの人間しかいない」と思える、そういった状態において起こるというのです。そして、後に現実の関係に戻ったあと、クライエントはそこで、「ひとり」ないし「真空」の状態において体験したみずからの「飛躍」や「成長」の意味を徐々に確認し体認していくのだと友田は言います。

これらの友田の指摘は、先に述べた「たしかに二人でいるのだけれど、何だか自分〝ひとり〟のような、あの体験」の本質を的確に突いているように思えました。

カウンセリングにおける〝ひとり〟の体験

このことをもう少し、わかりやすく説明しましょう。

カウンセリングをするとき、言うまでもなく、そこには二人の人間がいて、話をしています。カウンセラーとクライエントという二人の人間がいて、クライエントがカウンセラーに向かって話をしている。そんな意識状態でカウンセリングは始まります。

けれども、カウンセリングが進み、二人の関係が深まっていくにつれ――そして、ここがカウンセリングという関係の特殊性なのですが、カウンセラーがクライエントの体験のプロセスに沿って自分を消し去るようにして、全身全霊を込めて話を聴いていくにつれて――話をしているクライエントから、「カウンセラーに向かって話をしている」という意識が徐々に徐々に弱まっていきます。「カウンセラーに話をしている」という対象的な意識は希薄になっていき、たしかに注意してみれば自分がカウンセラーに話をしているのはわかるのだけれど、その存在がほとんど気にならない、ひたすら自分の体験に没頭し、それにひたり、それを味わっていて、ある意味では自分〝ひとり〟でいるのと変わらないような、そんな体験になっていくのです。

その〝ひとり〟の状態で、では、クライエントが何をしているのか、というと、自分の中から出てきた、漠然とした、あいまいな体験と向き合っているのです。それが何なのかはまだよくわからない、けれどなぜか、そこに大切な意味がありそうな気がする、漠然とした、あいまいな〝何か〟。その何かとじっくり向き合いながら、さまざまな言葉やイメージが駆けめぐっている。何かを絞り出すようにして、それと向き合いつつ、そこから何かが出てくるのを待っている。そうこうしているうちに、「あっ、こういうことかな」という手がかりが得られてくる。そしてそれを、心の中で何度も反芻していると、自分の奥の「何か」がそれに共鳴し、「そう、たしかにそうだ」という素直な反応が自分の奥から返ってくる。そして、それが幾度か積み重なるうち、重要な意味のある〝気づき〟がやってくる。「あぁ、そうだったのか!」と。そして、その〝気づき〟が広がっていく。

つまり、こういうことです。

カウンセリングとは、普通、カウンセラーに向かって悩みを話すことだと考えられています。これは実際そうで、目に見えるレベルでは、カウンセラーとクライエントとの対話のようにしてカウンセリングは進んでいくのですけれど、そのプロセスが深まっていくにつれて、クライエントの意識においては、カウンセラーに話をしている、というよりも、自分自身の体験——何かそこに大切な手がかりがありそうに思えるけれど、よくわからない、漠然とした、あいまいな体験——にひたすら、深く深く入っていく、ということが中心になっていく。そして、その深みにおいて、クライエントは自分自身の声を——ふだんは耳を傾けることのなかった自分の心の奥からの声を聴いていく。この意味で、カウンセリングとは、カウンセラーとクライエントの対話に始まり、それが、クライエントのうちなる自分自身との対話に深まっていくプロセスであるのです。

そして、このうちなる自分自身との対話がさらに深まり、それがピークに達したとき、クライエントの意識においては、カウンセラーという「相手」もいなければ、「自分」もいない。そうした対象的意識の一切は消え去って、ただただ、自分の体験のみがある。そうした〝真空〟状態、まったき〝ひとり〟の体験が訪れるのです。

〝自分自身〟になる瞬間

これまでに述べてきたことをここで、図を用いて整理しておきましょう。

図3をご覧ください。

私たちがひとりで思い悩んでいるとき、物理的にはひとりでも、心の内側には複数の他者、言わば「自己ならざる自己」としての他者が存在しています。そしてそれらの人々の目を気にしたり、何かを言い聞かせられたりしています。たとえば、「お前はどうしてそうなんだ」「もっとこうすべきだ」「男だろ、もっとハッキリしろよ」といったようにです。つまり、物理的にはひとりでも、心の中では、内在化されたさまざまな他者の声に支配され、捕らわれ、がんじがらめになっていて、身動きとれなくなっているのです。

この人が、ひとりで思い悩むのに疲れ果てて、心のひだをていねいに聴くことのできるカウンセラーを訪ねたとしましょう。そしてそこで、自分が何を感じ何を話してもていねいに聴いて受けと

ひとりで思い悩み、心の中の複数の他者に捕らわれている状態

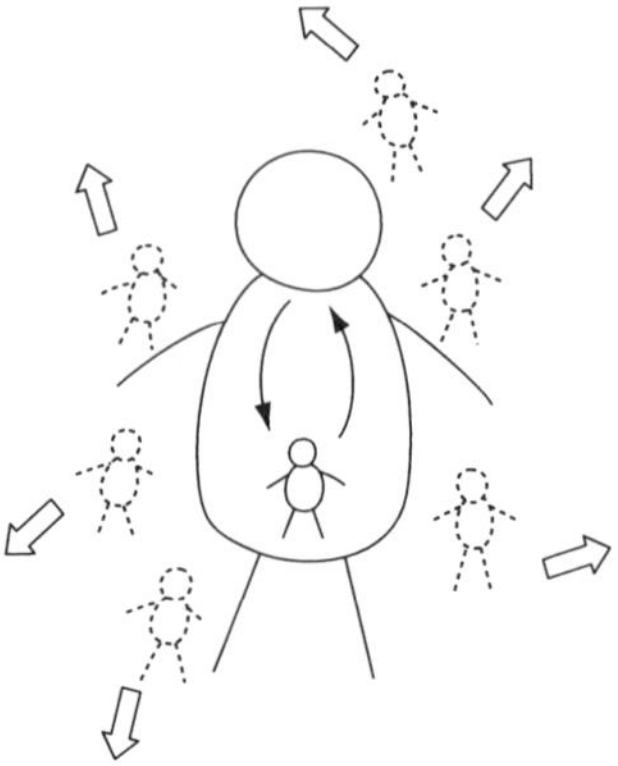

共感的理解を得て、心の中の他者から解放された“ひとり”の状態

図3　カウンセリングにおける〝ひとり〟の体験

めてもらえたとしましょう。自分の心の光の部分ばかりでなく、闇の部分にも、またハッキリとした部分だけでなく、あいまいな部分にも、ていねいに注意を向け、認め、受け止めてもらえたとしましょう。自分の心のどの部分にも、それがみずからを語り出せるようなじゅうぶんなスペース（空間）を与えてもらえたとしましょう。そして、自分自身でもそんな「心理的空間」をじゅうぶんに体験し味わうことができたとしましょう。

すると、何が起こるでしょうか。

不思議なことですがその人は、そのような「空間」を味わっているうちに、それまで自分の心を支配しがんじがらめにしていた「複数の他者」が、いつの間にかスーッと脱け落ちていくことに気づくはずです。カウンセラー、クライエントの双方からじゅうぶんなスペースを与えられ、思う存分語ることができたその「複数の他者」は――言わば、気がすんだかのようにして――その人の心から消え去っていくのです。

この人は、ここではじめて、自分の心を支配していた「他者の声」から解放されます。ほんとうの意味で〝ひとり〟になることができるのです。

そしてその〝ひとり〟の状態で、人は、自分自身の体験――ジェンドリンが〝フェルト・センス〟と呼ぶ、何かそこに大切な手がかりがありそうに思えるけれど、まだその意味はよくわからない、漠然とした、あいまいな体験――と向き合っていきます。それと共にいて、それをまさぐり、さまざまなイメージや言葉を使いながらそれに触れ、そこから何か出てくるのを待っているのです。そして、その体験の深みにおいてクライエントは、自分自身の心の奥から「自分のほんとうの声」が聞こえてくるのを聴きます。「あぁ、そういうことだったのか」「僕はこちらに進むべきだったんだ」といったメッセージが聞こえてきて、それを受け止めていくことができるのです。

一言で言えば、自分の心の奥からメッセージが送られてくるのです。

これを踏まえると、こう言うことができるでしょうか。

カウンセリングとは、他者との関係の中で、人がはじめてほんとうの意味で〝ひとり〟になることができる逆説的な関係のことである、と。そこで人は、自分の心のメッセージに耳を傾けて、徐々に「これが〝自分〟だ」と実感できる〝自分〟を取り戻していくことができます。〝自分自身〟になっていくことができるのです。

ひとりでいられる能力はどう育つか──ウィニコットの対象関係論から

先に私は、こう言いました。カウンセリングとは、他者との関係の中で人がはじめてほんとうの意味で〝ひとり〟になることができる逆説的な関係のことである。そこで人は、「これが〝自分〟だ」と実感できる〝自分〟を取り戻していくことができるのだ、と。

これを少し違う角度から見ると、次のように言うこともできます。

ある意味でカウンセリングとは、〝ひとり〟でいることができる、という人間の基本的な能力を、さまざまな事情によって阻害された人が、その能力を回復し、自分自身を取り戻していくプロセスのことである、と。

つまり私たちは、乳幼児のときには、他者の気持ちなど気にせず思う存分〝ひとり〟になり、自分自身でいることができていた。これは、愛情に恵まれ、健やかに育っている赤ん坊が自由奔放に遊ぶ姿を見ていれば、すぐにわかることです。しかしそれが、幼稚園や小学校に通う年齢になり、親や教師の期待に応えることを覚えるにしたがって、この能力を衰退させていってしまう。さらに思春期になり、友人関係のプレッシャーを感じるようにもなれば、もう自分自身でいるどころの騒ぎではない。〝ひとりじゃいられない症候群〟にかかり、誰かと絶えずつながっていることを確認しないではいられなくなって〝自分〟を見失ってしまう。そしてその後も世の中のしがらみに揉まれ続けるうちに、自分が誰なのか、自分は何をしたいのか、まったくわからなくなってしまう……という有り様です。

このようにして私たちは、人生のスタート時点では持っていたはずの〝ひとり〟でいる能力を、その後の紆余曲折の中でじゅうぶんに発揮できなくなってしまう。それを回復するために必要とされるのが、カウンセリングなのです。

では、私たちが赤ん坊のころに持っていたはずの、自由奔放な〝ひとり〟でいる力――これが、人間に生来、生まれつき備わっていたものかというと、そうではありません。

〝ひとり〟でいる力を、人は、その健全な心の発達のプロセスの中で、人生のごく初期に後天的に獲得していくのです。

このことをうまく説明しているのが、精神分析学者D・W・ウィニコットです。ウィニコットは、フロイトが指摘したようなエディプス期の問題、すなわち、父、母、子の三者関係によってつくられる心の問題以上に重大な問題が、それ以前、つまり〇歳から一歳といった乳幼児のころにつくられることを指摘した対称関係論の第一人者です。亡くなって三〇年経ちますが、その学説は今でも注目され続けています。

対象関係論の説明は他書にゆずるとして、この本のテーマとのかかわりで注目すべきは、ウィニコットが、精神分析学者としては珍しく、〝ひとり〟でいるという現象の肯定的な側面に着目したことです。今でもそうですが、精神病理学者や精神分析学者、臨床心理学者の多くは、他者と関係をつくる能力や共感能力、コミュニケーションを持つ能力などは積極的に評価し、逆に、ひとりでいる現象については、そのような対人関係を持つことができない病理的現象として着目する傾向があります。昨今、社会問題化しているひきこもりについての否定的なまなざしなどは、その典型例でしょう。

ウィニコットの時代の精神分析学の世界も例外ではありませんでした。一九五八年に書かかれた『一人でいられる能力』（邦訳は、牛島定信訳『情緒発達の精神分析理論――自我の芽生えと母なるもの』岩崎学術出版に所収。引用にあたり、多少、改訳しました）の中で、こう言います。「精神分析の文献を見渡してみても、ひとりでいられる能力についてよりも、ひとりでいることに対する恐怖や、ひとりになりたい願望について書かれたもののほうが多いようである。また、膨大な量の研究がひきこもりの状態や迫害の予感に対する防衛機制についてなされてきたものである。ひとりでいられる能力の肯定的な側面についての考察は遅れていると思わずにいられない。」

こうしてウィニコットは、ひとりでいる、という現象の肯定的側面に注目するのですが、彼の結論は、人が大人になってからひとりでいることができる能力はどうやら、母親がいるところでひとりでいることができる、という乳幼児の体験にその源があるらしい、ということです。「さまざまな体験が、ひとりでいられる能力の確立に寄与する、と思われる。しかし、それが十分でない限り、ひとりでいられる能力が育つことのない基本的な体験は、ただひとつである。それは、乳幼児期に、母親といっしょにいながらにして、ひとりであった、という体験である。つまり、ひとりでいられる能力の基盤は、逆説的なものである。それは、ほかの人がいっしょにいるときに持った、ひとりでいるという体験なのである。これは、特殊な体験を意味する。つまり、ひとりでいる乳幼児と、実際にいつも頼りにできるようにいっしょにいる母親、またはその代理者（それはしばらくの間は、乳児ベッド、乳母車、身の回りの全般的な雰囲気といったことで表されるかもしれない）との間の特殊な関係である。」（前掲書）

母親（またはその代理の人）が、やさしく、暖かな配慮を持って、子どもがひとりで思う存分好きなことをするのを見守る。こうしたサポーティブな環境の中で、子どもはひとりでいられる能力を身につける、というのです。それはなぜでしょうか。このサポーティブな環境の一部を子どもは自分の人格の一部に組み込むからです。

まだ弱い自我しか持っていない幼児は、このようなサポーティブな環境を支えとしてのみ、自分ひとりでいることができる。しかし、その環境（＝愛着の対象となる人物）を自分の心の中に取り入れることで、次第に、自分を見守る誰かがいなくても、心の中でその人を頼りにすることによって、自分ひとりでいられるようになる、というわけです。そしてその積み重ねによって、母親は物理的に子どもの側にい続ける必要はなくなり、不安を持たずに子どもがひとりでいられる時間は徐々に長くなっていくのです。

たしかに、母親の愛情に対して、自分がそれをほんとうに必要とするときには確実に手に入れることができる、という信頼感のある子どもは、母親が少しのあいだ離れていても安心してひとりでいることができます。また逆に、そうした信頼感のない子どもは、少しでも母親が離れていると不安になり、泣き叫び、絶えず母親を自分のもとから放すまいとしがみつくものです。母親が戻ってくるまで待つことができないのです。「朝、散歩をしたいから、子どもが寝ているあいだに」とか、「子どもが遊んでいる間に」と子どもに断りもせずに近くのコンビニに買い物に行ったり、といった具合で、子どもにとって思いがけない母親の外出などが重なると、子どもの側は、母がいなくなるのでは、という不安を絶えず強くかき立てられることになります。その不安を打ち消すために、子どもは母親にしがみつくようになるのです。

逆に、いつも母親から見守られている、という安心感、庇護感に包まれながら育った子どもは、その母親のイメージを自我の中に取り入れることで、物理的にはひとりになっても、心の中は不安にならずにすむようになり、孤独でいることができるようになる。この能力こそ、心の健康を示す一つの指標である、とウィニコットは言うのです。

さらに、ウィニコットはこんなことも指摘しています。最初は母親のもとで、次に母親不在のところでひとりでいられる能力を身につけた子どもだけが、自分自身のうちなる感情と接触し、それを明確にすることができるようになる、と。最初は母親のもとで、次に母親なしで、ひとりでいる感覚を満足感を伴って、また穏やかな気持ちで体験しているときにのみ、子どもは、他者からの期待や要求とはかかわりなく、自分自身がほんとうに望んだり欲したりしていることに気づくことができる、というのです。

〝ひとりでいる能力〟の再獲得としてのカウンセリング

さてここまで、ウィニコットによる「ひとりでいられる能力」が獲得されるプロセスを見てきましたが、いかがでしょう。「母親（もしくはその代理）」を「カウンセラー」に置き換えると、先に紹介した私のカウンセリングの考えとほぼ重なることがわかっていただけるのではないでしょうか。

幸運にも、母親（もしくはその代理）による暖かい庇護のもとで育てられた子どもは、そこで、じゅうぶんにひとりでいる、という逆説的な体験を味わうことを通して、次第にその愛着の対象を自我のうちに取り込み、母親なしでも、自分ひとりでいる能力を育んでいきます。不運にもそうした対象を見いだせなかった一部の子どもを除いて、多くの子どもは、そうした能力を獲得するでしょうし、またそうした子どもは、自分自身のほんとうの欲求に気づき、それを表現することができます。

しかし、子どもが成長し、両親や教師の期待や要求、友達同士の人間関係の圧力、仕事や家庭でのさまざまなプレッシャー等々を体験するうち、この自分ひとりでいられる能力は阻害されていきます。多くの場合、友人や恋人、配偶者や子どもなどに依存し、絶えず人間関係の刺激を求めるようになりますし、物理的にひとりでいると、そこで襲ってくるさみしさや空虚感に耐えられず、煙草、アルコール、テレビ、携帯電話、インターネットなどに刺激を求めてしまうのです。若者がシンナーやドラッグなどに手を出してしまうのも、こうしたひとりの時間に耐えられないからです。ひとりになり、自分自身と向き合うことに耐えられないから、それを避けるようにして、さまざまな刺激を求めるのです。

カウンセリングは、こうして、ひとりでいられる能力を阻害された人々が、その能力を取り戻していくプロセスです。乳幼児が無条件に愛を注いでくれる暖かい母親のもとでこの能力を獲得していったように、大人がこの能力を再獲得していくのにも、同様の暖かい対人環境が必要になります。乳幼児が自由奔放に遊び、泣き、叫んだのを見守ってくれる母親（またはその代理）を必要としたように、大人は、誰からの期待も、支配も、干渉もなく、何の気兼ねもなしに、自由に思いをめぐらせることができる、そんな空間を必要とします。カウンセラーのもとで、ひとりでないのに、まったくひとりでいることができる。誰にも気兼ねせず、何にも捕らわれずに、さまざまな思いを浮かべ、それを表現することができる。そんな〝ひとり〟の体験を重ねるうち、ひとりでいる能力は再び獲得されるのです。

また、乳幼児が母親（またはその代理）を自我に取り込むことによって、母親なしでもひとりでいられるようになったのと同じように、クライエントはカウンセリングのプロセスの中で、カウンセラーのイメージを自分自身のうちに取り入れていく。そうすることによって、クライエントのうちに〝うちなるカウンセラー〟が育まれていく。カウンセリングを重ねていくことによって、クライエントが次第にカウンセラーを必要としなくなり、自分ひとりでも安心して〝ひとり〟の体験を持つことができるようになるのは、クライエントのうちにこの〝うちなるカウンセラー〟が育まれていくからです。自分の中にあって、自分を絶えず見守ってくれているこの〝うちなるカウンセラー〟が育っていくことで、クライエントは、カウンセラーのもとを離れ、カウンセラーなしでも自由に思いをめぐらす〝ひとり〟の体験ができるようになっていくのです。

また、かつては友人との関係や一定数以上の人が集まる集団の中に入るといつも自分を見失い、他者に迎合ばかりして疲れきっていた人が、カウンセリングを重ねることによって、他者との関係の中にあっても〝ひとり〟の状態にとどまることができるようになることも、しばしばあります。他の人の気持ちを察することばかりに神経を費やしてクタクタになるのではなく、他の人の気持ちに耳を傾けながらも、その中で、自分のうちに自然と湧いてくる感情に耳を傾け、それを味わい、確かめて、言葉にして表現することができるようになるのです。他者との関係にあっても、自分を決して見失うことがない。そんな自分になれるのです。

〝ひとり〟になる能力の再獲得、という観点から見ると、カウンセリングには、このような意味があると考えることができます。カウンセリングの中で人は、かつて持っていた〝ひとり〟になる能力を再び獲得します。それは、とりも直さず、他者との関係の中で〝自分自身でいる能力〟を取り戻すことでもあるのです。

では、〝ひとり〟になる能力を再獲得するには、カウンセリングを受けるしか道はないのでしょうか。

次章で紹介するフォーカシングは、最初は誰かと練習したほうがいいけれど、慣れてくるとひとりでもできる〝うちなる自分〟との対話の方法です。〝うちなるカウンセラー〟〝うちなるセラピスト〟を自分の中に育んでいく、とても繊細な方法です。カウンセラーなしでも〝ひとり〟になれる。充実した孤独の体験を持つことができる。そうした能力を磨くのに最適の方法と言っていいでしょう。

＊なお、本章で述べたことは、乳幼児期にひとりでいられる能力を一度獲得しえた健康な人を前提としています。さまざまな悩みを抱えた健常者や神経症の方とカウンセリングをおこなうときの体験をもとにしています。

不運にも、乳幼児期にウィニコットが言うような母親（もしくはその代理）との関係をじゅうぶんには体験できず、それゆえひとりでいられる能力を獲得しえなかった人、したがって、分裂病や人格障害といったより重い病理を抱えていると思われる人とのカウンセリングには、また別の意味を見いだせるように思われます。すなわち、〝もともと、ひとりでいられる能力を持ちながら、それを阻害され発揮できずにいる人〟と、〝ひとりでいられる能力が育まれておらず、ひとりでいられない人〟、また逆に〝ひとりでしかいられない人〟とでは、当然ながら異なるアプローチが必要とされるのです。このような観点から、カウンセリングや心理療法を再考することも可能かと思われ、いずれ機会を得て、この観点からの考察もおこなってみたいと思っています。

第五章　フォーカシング――充実した〝ひとり〟の時間をすごすために

フォーカシング――自分の心の声を聴く方法

前章で私は、成功するカウンセリング――つまりその中で、さまざまな気づきや発見を得ることができるカウンセリング――において、クライエントはしばしば、カウンセラーと話をしている最中であるにもかかわらず、あたかも〝ひとり〟でいるかのような体験をする、と述べました。その中で、人はしばしば、自分自身の心の奥からの声、心のメッセージを聴くのであり、カウンセリングの意味の一つは、そこにあるのだと。

読者の中には、「そうか。カウンセリングとは、そういうものだったのか。だとしたら、私もぜひ、カウンセリングを受けてみよう」と思われた方もおられると思います。

けれども残念ながら、日本では、まだまだカウンセリングになじみの薄い方が多いのも、事実。また、カウンセリングを受けてみたい気持ちはあるけれど、何だか行くのがこわいし、自分の秘密や悩み事を、赤の他人に打ち明けるのも抵抗がある、という方も少なくないでしょう（もっとも、赤の他人だからこそ話せる、という方も少なくないのですが）。

そのような方のために、ぜひ、おすすめしたいのが、これから紹介するフォーカシングという方法です。

フォーカシングは、カール・ロジャーズの共同研究者のひとりであったユージン・ジェンドリンという人が開発した方法で、今、日本で最も人気があり、やさしく繊細なセルフヘルプの方法の一つです。それは、成功するカウンセリングの中で、クライエントが体験している体験のエッセンスを凝縮し、一つの技法として体系化したものです。前の章で紹介したカウンセリングのプロセスの中で、クライエントが〝ひとり〟になり、自分の心の奥の声を聴いていく。そうした体験を意図的に身につけるために開発された方法である、と言ってもいいでしょう。

では、孤独の極意を説いた本書で、なぜわざわざフォーカシングという一つの心理学的方法を紹介するのに一章を割くのかというと、ひとりでいる時間を充実した、有意義な体験としてすごすためには、自分自身の心とうまくつきあっていく力が育っている必要がある、と思うからです。

そもそも、この本で私が、〝ひとり〟でいることの意義を説いた理由の一つは、今、日本で〝ひとり〟でいる体験の意義が特に若い世代のあいだで過小評価されているように思えたことと共に、現代人の生活があまりに気ぜわしく、また単に忙しいばかりでなく、表面的で薄っぺらなものになってしまいつつあることに危機感を覚えたからです。

充実した、豊かな人生を生きるためには、〝ひとり〟の時間を確保することが大切です。しかし、ただ〝ひとり〟の時間を確保すればいい、というわけではもちろん、ありません。単に頭でっかちに計算された、忙しいばかりの〝ひとり〟の時間をすごしていては、〝ひとり〟でいることの意味はありません。

充実した〝ひとり〟の時間をすごすために最も必要な力は、自分の心の声に触れていく力です。自分の心の声を聴く力が育っていてこそ、〝ひとり〟の時間が満ち足りたものとなるのです。

また、逆に言えば、短時間で深く自分の心に触れる力を持っている人は、どんなに忙しい中でも、ちょっとした時間を利用して、自分を取り戻すことができる人であると言うことができるでしょう。

そんなわけで、フォーカシング――自分の心の声を聴く方法――は、忙しい現代人がちょっとした時間を利用して、充実した〝ひとり〟の時間を持つために、ぜひとも必要な方法なのです。

もちろん、自分の心の声を聴く、という作業は、何もフォーカシングを学ばなくても、多くの方が自然とやっていることです。作家や芸術家の方々の多くは、何も学ばなくても、フォーカシングをいつの間にか、生活の中で始められている、と思います。

そんな方は、御自分の体験を整理するつもりで、この章をお読みいただきたい、と思います。

〝うちなる自分〟とどうつきあうか

フォーカシングから私たちが学ぶことができるのは、〝うちなる自分〟とのつきあい方です。

自分の心の中のさまざまな部分、いろいろな〝うちなる自分〟のそれぞれの〝言い分〟を認め、それに静かにていねいに耳を傾けていく。それが〝言いたがっていること〟を聴いていく。それに

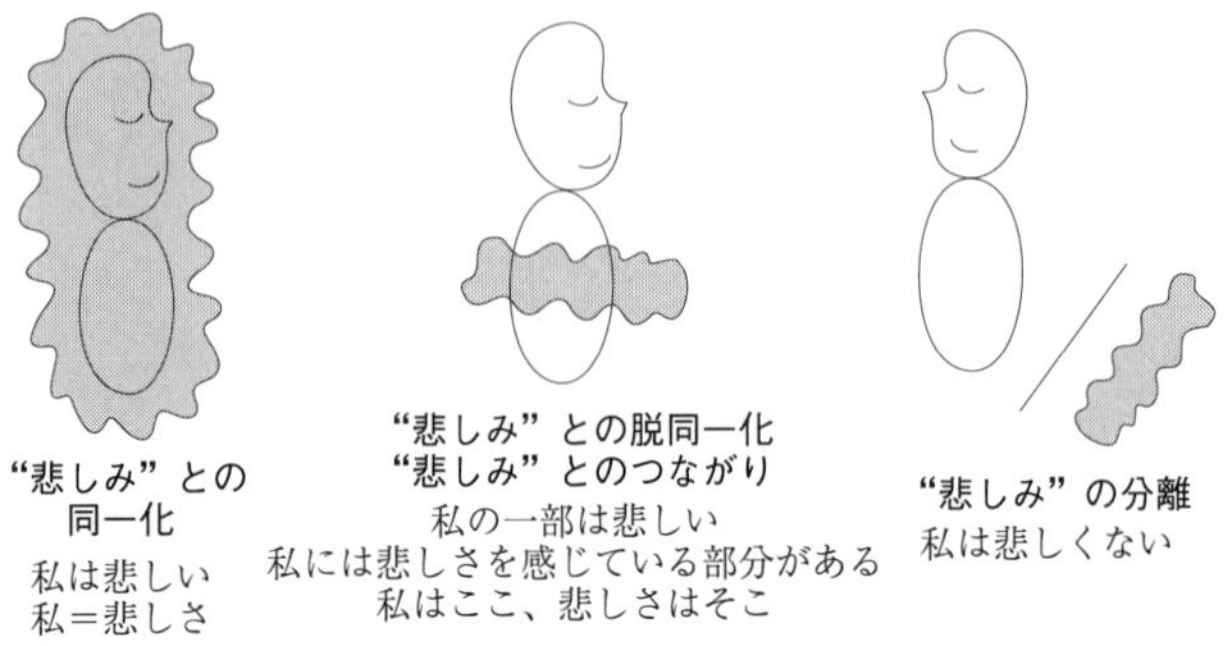

図4　フォーカシングにおける〝うちなる自分〟とのつきあい方

より、私たちがその時々に必要としている心のメッセージ、生きるヒントを受け取っていく。そんな姿勢で、自分の内側とかかわっていくことが何より大切だと、フォーカシングでは考えるのです。

この、フォーカシング流の〝うちなる自分〟とのつきあい方を理解していただくには、図4を見ていただくのが、最もわかりやすいと思われます。

ある人が、仕事の帰り道、ゆっくりと歩いていると、ある瞬間、何か、妙な違和感を感じたとしましょう。〝私は、このままでいいのかな？〟という漠然とした感じを、ちらりと感じたとしましょう。

こんなとき、どうするか。

まず右側の図。これは、自分とその〝感じ〟を切り離している。それを自分から切断してしまって、感じないようにしている。そうしたかかわり方です。

ほんとうは、その漠然とした違和感が自分の内側にあるのに、それを自分の外に追い出してしまっている。〝こんなもの、たいしたものじゃない。気にする必要なんてない〟とその存在や意味を否定し、押さえ込んでしまっている状態です。

しかし、自分の内側の〝感じ〟とこのようにしかかかわれなくては、そこから発せられてくるさまざまなシグナルに鈍感にならざるをえません。より強い、ネガティブな感情、たとえば、悲しみや怒り、苦痛、疲れ、といった感情をこのような仕方で否定しすぎると、そうしたネガティブな感情が発するSOSのシグナルをも無視することになります。たとえば〝疲れ〟の存在をこのように否定してしまうと、いずれ過労で倒れてしまうという事態につながりかねません。一般には、日本の男性、特に九州男児あたりに、このようなタイプが多いと考えられています。

次に、左側の図を見てください。これは、まったく逆に、自分の〝感じ〟そのものになってしまっている。自分の〝感じ〟と自分のあいだに適切な距離が取れずに、感情に支配されてしまっているような状態です。

たとえば、先ほどのような場合、〝私は、このままでいいのかな？〟という感じに圧倒されてしまう。その〝違和感〟そのものになってしまっている。ほんとうは、私の内側には、この違和感ばかりでなく、ほかのさまざまな感じ、たとえば〝今のままでいいんじゃない〟といった感じもあるはずなのだけれど、それを忘れて、この違和感だけに同一化してしまっている。私とその違和感とがイコールになってしまい、圧倒され、飲み込まれそうになっている状態です。

自分を忘れて感情に支配されてしまいやすい女性の姿をイメージしていただけると、わかりやすいかもしれません。

もちろん、何かつらいことがあって悲しみにうちひしがれているときは、誰でもこのような状態になるものです。「私は悲しい！　助けて〜!!」と泣き叫ぶことも時には必要で、それがカタルシスにもつながるでしょう。

しかし、いつまでもこのままでは、らちがあきません。こうした感情と、少し距離をとらなくては、自分を見つめることができないからです。

最後に真ん中の図ですが、これが、私の考える理想的な自分の感情とのかかわり方。フォーカシング的な自分の内側との関係の持ち方です。

これは、自分の〝感じ〟を自分の〝一部〟として認めている状態です。つまり、〝私イコール悲しさ〟と、悲しさに同一化してしまうこともなければ、〝悲しさ〟の存在を否定し自分から切り離して、押さえ込んでしまうこともない。

そのどちらでもなく、たとえば先ほどのケースですと、〝私の内側で、私の一部が、今の自分に違和感を感じている〟〝私には、違和感を感じている部分がある〟〝私の中の「何か」が今の自分に、ちょっと違った感じを持っている。そしてその「何か」は、私に何かを言いたがっている〟——このような〝うちなる自分との関係の持ち方〟のことです。

そして、自分の内側の、その「何か」が何を言いたがっているのか、その〝言い分〟に耳を傾け、そのメッセージを受け取っていくような在り方のことです。

〝充実したひとり〟の時間をすごすには、このような、自分自身とのかかわり方を身につけておく必要があります。

つまり、自分の内側に、何か気になる感覚やざわめき、ささやき声のようなものが生まれてきた場合、その存在を認め、それと少し距離を取りながら、それが何を意味しているのか、何を言わんとしているのか、自分の内側の声に耳を傾けていくような在り方です。

このような、やさしく、繊細な自分自身との対話の方法――それがフォーカシングで、こうした自己対話の方法を身につけておくことによって、〝ひとり〟の時間が満ち足りた時間となっていくのです。

大雑把にでも、イメージがつかめたでしょうか。

大切なのは、自分の内側に生じてくる〝何かよくわからないけれど、意味のありそうな感じ〟を決して否定しないことです。取るに足らないものとして、捨て去らないことです。

私たちの人生にとって大事なことを伝えてくれる〝うちなる声〟は、〝悲しさ〟や〝怒り〟といったハッキリした感情としてよりも、まだそのような言葉やイメージになる以前の〝あいまいな何か〟〝漠然とした違和感〟などとして立ち現れることが多いものです。そこにたしかに〝それ〟があること、そして、〝なぜだかよくわからないけれど、そこに意味がありそうな感じ〟がしていて、その〝感じ〟が〝自分に注意や関心を向けてほしがっている〟ような気がするのはわかる。けれども、まだ具体的なかたちはとっていない――そのような〝なぜか、気になる感じ〟（フォーカシングではこれをフェルト・センス〔感じられた意味感覚〕と呼びます）として、私たちの前に現れることが多いのです。

自分の心のどの部分をも大切にする

自分の内側の〝なぜかよくわからないけれど、意味がありそうに思える感じ〟や〝心のざわめき〟〝ちょっとした違和感〟などを大切にし、それを認め、それと適切な距離を保ちながら、その声を聴いていく――フォーカシング流のこのような、自分自身との心の対話のエッセンスを紹介してきました。

私たちが〝自分の心との対話〟をおこなっていくときに、もう一つ、大切なことは、自分の心の全体を大切にする、ということです。

〝心の全体〟を大切にする、というのは、何だかわかったような、わからないような言い方ですが、抽象的な理念を語っているわけではありません。

そうではなく、私たちの心にはさまざまな部分――影の部分や光の部分、強い部分や弱い部分、そしてハッキリした部分やどっちつかずのあいまいな部分など――があり、どの部分にも大切な意味があることを認め、それぞれの部分の声に耳を傾けていこう、とする姿勢のことです。

私たちの内部には、さまざまな質の異なる部分がいつも共存しています。

たとえば、今の私について言うと、〝今日のうちに書くと決めたところまでは、しっかり書きたい〟と言っている〝しっかり屋さんの部分〟、それから、〝最近何だかやる気が出ない。もうやめて寝たい〟という〝弱音を吐きたがっている部分〟、そして、それとは無関係に、〝何となく、明日の仕事のこと〟が気になっている〝別のことを考えたがっている部分〟など、いろいろな部分が私の内側に存在しています。

そして、それぞれの部分には、それみずからの意思や欲求があって、それぞれの言い分を私に語りたがっているのです。

けれど、私たちの意識は普通、そうしたさまざまな部分のどれか一つに同一化していて、その部分になりきってしまっています。今の私のような状態だと、たいていの場合、しっかり書きたがっている〝しっかり屋の部分〟に同一化して、倒れるまで頑張り抜いて、その結果、次の日、体調の悪さに苦しむはめになるか、逆に、〝弱音を吐きたがっている部分〟に同一化してしまって、仕事を放り投げてしまい、仕事をためてしまうか、どちらかになる場合が多いように思います。その結果、どちらも心やからだのバランスを崩してしまいがちになるのです。

心のバランスが取れている人は、このどちらにも傾かず、心の中のどの部分にも同じように耳を傾けていきます。その結果、そのときのさまざまな心の部分の要求を勘案して、ほどよく仕事をして、ほどよく休むことができるようになるのです。

もちろん、それは単に健康上の理由からではありません。

私たちの心には、普通、それぞれに相矛盾するさまざまな部分が共存しています。

ある心の部分は「それはだめ。こうしなくてはいけない」と自分にも他人にも厳しく要求を発してきますし、別の部分は「こうしたい。ああしたい」と自由にのびのびした心の声を発してくるでしょう。さらに別の部分は「どうしたらいいいんだろう」と迷い、ほかの人に依存したい声を発してくるかもしれません。

こうしたさまざまな心の部分、そのどの声をも、いずれも固有の大切な価値を持つものとして認め、そこから発せられてくる声のすべてに耳を傾けていく姿勢が大切になります。その声はもちろんしばしば相矛盾するけれども、そのいずれにも偏らず、固執せずに、そのあいだに立って、そこから新たな〝第三の声〟が聞こえてくるのを待っている。こうした在り方で自分自身とかかわりながら生きていくとき、その人自身のほんとうのユニークさ、個性、その人らしい生き方というのが、おのずと実現されていくのです。

その意味でも、自分の内側のさまざまな部分に偏りなく、また、聞き漏らした部分もないよう、満遍なく注意を払い、耳を傾ける、という態度が必要になります。そして、そのようなことが可能となるためには、自分を超えた視点、自分を離れた視点をあるところに設けて、その視点から自分自身を見る、ということが必要になってきます。そうした自分を超え、自分を離れた視点からでなくては、自分の心のさまざまな部分のどれにも満遍なく注意を傾けていくという姿勢を保つことは不可能になるからです。

自分の心のどの部分にも、等しく注意を傾けていく、ということの姿勢と同じことは、谷川俊太郎さんの次の詩に実にうまく表現されています。

ひとつのおとに
ひとつのこえに
みみをすますことが
もうひとつのおとに
もうひとつのこえに
みみをふさぐことに
ならないように（谷川俊太郎『みみをすます』福音館書店）

何の説明も必要ないでしょう。

私たちはしばしば、自分の心のさまざまな部分のうち、ある部分（例　たくましくて、さわやかで、いさぎよい部分）にだけ注意を払い、それを認め、しばしばそれと自分を同一視します。それにより〝なりたい自分〟になることで、個性を実現しようとするのです。

しかし、このようにして実現された個性、理想的なイメージに自分を当てはめて実現された個性は、〝ほんとうのその人らしさ〟という意味での、真の個性ではありえません。〝ほんとうのその人らしさ〟という意味での、真の個性の実現、その意味での自己実現（個性化）は、自分をあらかじめ定められた何らかのイメージに当てはめることによって可能となるものではありません。

そうではなく、自分の心のどの部分、自分の内側から聞こえてくるどの声にも耳を塞がず、どの声にも耳を澄ますこと。自分の内側から聞こえてくるどの声にも、無視したり軽視したりすることなくきちんと耳を傾け、そしてその声を曲げたりすることなく、そのまま認め、受け止めること。そのことによって訪れる、どうしてよいのかわからない立ち往生の状態。その中から、おのずと生まれてくる在り方。もう〝そうでしかありえない〟というギリギリの選択の中からおのずと生まれてくる在り方が、ほんとうのその人らしい在り方であり、真の自己実現、個性の実現でもあるのです。

自分自身の心の声に対するこのような姿勢が、私たちが自分を大切にして生きる上で最も重要なことの一つであることは、間違いありません。

友人関係について〝心の声〟を聴く

フォーカシング的な自分自身とのかかわりでは、先にも述べたように、自分の内側に生じてくる、〝まだあいまいでハッキリしないけれど、なぜかそこに大切な意味が含まれていそうな気がする、漠然とした感じ〟を大切にします。それを〝そのまま認め〟、そこから何が出てくるか〝待つ〟姿勢、そしてそこから何かが出てきたら、頭で考えて解釈したりせず、それをそのまま〝受け取る〟姿勢が重要であると考えるのです。

そして、このような姿勢で自分自身とかかわるようになるならば、ほかの人との人間関係についてもどうすればいいか、自分の心の声を聴きながら決めていけるようになります。

ここで一つ、例をあげましょう。

ある女性は、自分の友人を思い浮かべていると、なぜだか、お腹のあたりに、〝重～い感じ〟があることに気づきました。そして、その〝重～い感じ〟には、なぜか意味があるような感じがして、妙にそれが気になります。なぜかよくわからないけれど、そこには大切な何かがあって注意を向けたほうがいいように感じるのです。

最初は、おそらく取るに足らないものだろう、と考えて、その感じを無視しようと考えました。そんな妙な感じは無視して、前向きにつき合っていきたい、グズグズするのはよくないことだと考えたのです。

しかし、でもやっぱり、気になります。そこで、その〝重～い感じ〟としばらくいっしょにいて、そこから何が出てくるか、待ってみることにしました。フォーカシング的な態度で、つきあってみることにしたのです。

彼女は最近、あるサークルを辞めたばかりです。そしてそのサークルに、その友人が入ったことを、知ったのです。

最初は〝そんなこと、たいしたことじゃないじゃない。だいいち、人がどのサークルに入ろうと自由だし、辞めた私には、もう関係ないことだわ〟と自分に言い聞かせようとしました。けれど、

〝何か、おかしい〟という感じは消えず、この感じとお腹の〝重〜い感じ〟はどこか、つながっているように思われたのです。そしてそれは、何かを言いたがっているようにも感じられました。この、何かを言いたがっている感じのする、〝あいまいな重〜い感じ〟がフェルト・センス。それをとてもていねいに扱っていく必要があります。

まず大切なのは、この〝あいまいな感じ〟の存在を、そのままで、しっかり認めてあげること。挨拶をしたり、やさしく声をかけたりすることです。

フォーカシングを学んでいた彼女は、自分の中の〝あいまいな重〜い感じ〟に声をかけました。〝あなたはそこにいるんですね〟と。すると、この〝重〜い感じ〟が、なぜだか、少し喜んでいるような感じがしました。そして、しばらく、その〝重〜い感じ〟の側にいて、そこから何か出てくるのを待ってみることにしました。

すると、そこには〝重〜い感じ〟だけではなく、何か、突っつくような〝鋭利な感じ〟があることもわかりました。

さらにもうしばらく〝その、重〜い、とんがった何か〟の側にいて、そこから何か聞こえてくるのを待っていると、その部分が〝泣きたがっている〟ことがわかりました。その部分に耳を傾けると、〝どうして、あの人。いったい、どうして？〟と不審に思っていることがわかります。

彼女はふだんは、どちらかというと沈着冷静で、笑ったり、悲しんだり、ましてや誰かに怒りを露わにすることなど、まずないほうですし、ほかの人からもそのようなイメージで見られがちな人です。しかし、〝うちなる自分〟のさまざまな意思や欲求にはしっかり耳を傾けようとしています。そこで、この感じに対して「そうなの。わかったよ～。何だか、泣きたい感じだし、よくわからない感じがしているんだね～」と声をかけて、そこからもっと何かが出てくるのを静かに待ってみることにしました。

すると、自分の中のその部分は、実は、ただ悲しんでいるだけでなく、怒っていること、何だか〝裏切られた感じ〟がしていることがわかってきました。

意外なものが出てきたので、彼女（本人）自身も少し驚きました。そこで、自分の中の〝その感じ〟に向かって、〝いったい何のことで怒っているの？〟とたずねると、それが〝自分が無視されたことについて〟の怒りであることがわかりました。

さらに、もっと何かありそうだと待っていると、それが〝自分の話を聞き流されていたことについての何か〟であることもわかってきました。

このとき、つまり、自分のその部分の怒りが、自分の話を聞き流されていたことについてのものであることがわかったとき、記憶が突然、一気に蘇ってきました。彼女は以前、その友だちに、そのサークルの先輩がどんなに冷たいか、そして、にもかかわらず仲間も助けてくれなかったと、愚痴をこぼしたことがあったのです。

〝いったい、彼女に私が話したことを、どんなふうに聞いていたんだろう〟。これが、彼女に対してここ何日か感じていた〝何か、おかしい〟という感じの正体であることが、わかったのです。そして、このことがわかると、彼女のからだ全体に、一気に解放感が拡がっていきました。

彼女は、自分の中のその部分、このプロセスの中で出てきたさまざまな〝感じ〟に〝今日はありがとう〟と声をかけて、ひとまず、体験を終えました。あとでまた、もう一度取り組むかもしれない、と感じたときは、そこに目印（例〝聞き流された〟）を付けた上で、自分の中のその部分に〝また戻ってくるからね〟を声をかけて、終わることもあります。これが、フォーカシング流の〝うちなる自分とのつきあい方〟です。

エクササイズ／フォーカシング

これから、フォーカシングの基本的なインストラクションを紹介します。

「ひとりで、本を読むだけではなかなかうまくいかない」とか、「これでいいのかどうか、よくわからない」と思われる方も多いかと思います。

けれど、フォーカシングを教えてきた私のこれまでの経験では、勘のいい人であれば、本を読むだけでもかなりのレベルまで、できている方も少なくありません。

まず、二〇分ほど時間をとって、ゆっくりと取り組んでみましょうか。

---

①からだの感じに注意を向けていきましょう。

まず、からだの外側の部分。足、腕、腰、背中、肩、頭の後ろ、頭のてっぺん……。

次に、からだと床や、椅子が接触している部分……。

そして、からだの中心部。特に、喉、胸、胃、お腹のあたり……。

さらに、からだ全体。

からだに注意を向けて、「何か気になる感じはないかな」と問いかけてみましょう。
②次に、自分の内側に注意を向けながら、こう問いかけてみましょう。
「何か、自分の注意を引きたがっているもの、関心を向けてもらいたがっているものはないかな」

「何か、出てきたがっていたり、何かを言いたがっているもの、知ってもらいたがっているものはないかな」

「最近、私の生活はどんな感じかな」

「今の気分を感じて、『何もかも大丈夫』と言えるかな。もし言えないなら、そう言うのを邪魔しているものは何かな」

あらかじめ、気になっている人や問題、夢などがあるときは、「この問題や夢について、私はどんな感じでいるのかな」と、自分の内側にたずねてみてもかまいません。あるいは自分が気にいっている文章や絵画、映画、音楽などから入るのも一つの方法です。その場合、「この文章（絵画、映画、音楽）について、私はどんな感じでいるのかな」と自分の内側に問いかけてみてください。

そして、その問いに自分で答えようとしないで、それに対する反応がからだのほうから返ってくるのを静かに、根気強く待ちましょう。

③何かが出てきたら、それに挨拶をし、認めてあげましょう。

「あなたはそこにいるんですね。知っていますよ」と声をかけてあげましょう。

どんなものが出てきても否定したり、批判したりせず、そのまま認めてあげましょう。

いくつも出てきたら、その一つひとつに挨拶をし、認めて、そのままにしておきましょう。

一つひとつには、深入りしないように。

いくつも出てきたら、それらの真ん中にいて、やはりからだから反応が返ってくるのを静かに待ちましょう。一番強く注意をひきたがっているものが、おのずと浮上してくることが多いものです。

④出てきた「それ」の側に座って、関心を注ぎつつ眺めているような態度でいましょう。「あなたとしばらくいっしょにいていいですか」と「それ」に聴いてみてください。

⑤「いっしょにいてもいい」と返事が返ってきたら、しばらく「それ」の側にいて、関心を注ぎつつ、そこから何かが出てくるのを待ちましょう。無理に頭でこじつけたり、考えて絞り出したりしないように。「それ」から返ってくる答えに従っていきましょう。

⑥その感じにぴったりくる言葉、イメージ、音、動作などを探してみましょう。何か出てきたらそれをしっかり受け止めましょう。

フェルト・センスから反応が返ってきたら、その都度「そうなの。わかったよ」と受け止めてあげましょう。

⑦出てきた言葉、イメージ、音、動作などを、ほんとうにそれがぴったりくるかどうか、からだに戻して、確かめてみましょう。

「これでぴったりかな」

「部分的にはいいけど、もっと何かある、ということはないかな」

「もっとぴったりくる言葉やイメージはないかな」

「もうじゅうぶん」という反応が返ってくるまで繰り返して、出てきたものをじゅうぶんに受け止め、味わいましょう。

⑧出てきた言葉やイメージ、音、動作などが抽象的すぎて、それが自分の生活にどんな具体的な意味があるのか、気になったり、具体的な現実の中での答えがほしい感じがあるときは、こんなふうに自分に問いかけてもいいでしょう。

「生活の中で、それと似たものはないかな」

⑨じゅうぶんにやれたら、「もっとそこに何かないかな」「『それ』がもっと伝えたがっていることはあるかな」と内側の「それ」にたずねてみましょう。

「もっとある」と答えが返ってきたら、それに注意を向けていきましょう。

特にないようであれば、そろそろ終わってもいいかどうか、「それ」に聴いてみましょう。

⑩終わってもいい、という答えが返ってきたら、また今度戻ってこれるように、今自分がいるところに目印（そのプロセスの中で一番ぴったりきた言葉、イメージ、音や動作など）をつけ、今日出てきたすべてのプロセスに感謝して、ゆっくりと終わりにしましょう。

「今日はほんとうにありがとう」と、自分のからだ、そして今出てきてくれたことの全部に言葉をかけて、「また戻ってくるからね」と、やさしく伝えましょう。

もし可能であれば、誰か信頼できる人、心を許せる人に側にいて聴いてもらったほうが、集中力が増します。

側にいてもらうだけでも、ずいぶん違います。

側にいてあげる人は、特に何もする必要はありませんが、できれば、そこで出てきた言葉を、ゆっくりといっしょに、繰り返してあげると、さらにいいでしょう。余計な説明やアドバイスはせずに、ただ、相手が言った言葉をそのまま繰り返すのが一番です。

それ以上のことは、一切する必要がありません。

ここで紹介したのは、フォーカシングを開発したジェンドリンの方法をさらにわかりやすく具体化した、アン・ワイーザー・コーネルさんの方法にもとづいています。もっとくわしく知りたい方は、アン・ワイーザー・コーネル著『やさしいフォーカシング』（大澤三枝子・日笠摩子訳、諸富祥彦解説、星雲社）をお読みいただいたり、フォーカシングのワークショップや学習会などに参加されるといいでしょう。

自分の心と対話するコツ――「自分に語りかける」のをやめて、「自分の内側が語りかけてくる」のを待っていよう

この章では、充実した〝ひとり〟の時間をすごすために有効な技能として、フォーカシングを紹介してきました。

もうおわかりいただけたと思いますが、フォーカシングとは、何も特別な心理学的治療法などではありません。それは、〝ひとり〟になって自分自身の心と対話をする。そんな自分自身との対話が充実したものとなるために必要なエッセンスを学ぶためのものです。したがって、何もフォーカシングなど改めて学ばなくても、フォーカシング流の自分自身との対話を自然とおこなっていた、という方はたくさんおられます。

私自身も、どちらかと言えばそういうタイプで、フォーカシングを知る前から、生活の中でいつの間にか、自分の心のためにスペース（空間）をつくって、自分の声を聴く、ということを日常的にやっていました。一日のうち、短い時間でもいいから〝ひとり〟になって自分の心の声を聴く時間がどうしても必要で、そうした時間が確保できない日が数日も続くと、それだけでイライラして情緒不安定になってしまうタイプです。そんなわけで、自分の精神的安定の必要から、いつの間にか、フォーカシング的に自分の心とつきあう術を身につけていたのだと思います。

とはいっても、改めてフォーカシングを学ぶことで、何も得ることがなかったかというと、そうではありません。ほんとうに多くのことを学びました。

自分の心との対話、と一言で言っても、真に充実した対話になっている場合と、単なる雑談にしかなっていない場合とがあります。さらに悪くすると、自分に対する誹謗・中傷を自分で自分にやってしまい、かえって自分が混乱するだけに終わってしまうことも決して少なくはありません。

フォーカシングを学ぶことで、何が得られるかというと、一つには、ふだんから自分の心の声に耳を澄ますことに慣れている人でも、より短時間に、より深く、よりしっかりと集中して、自分の心のメッセージを聴くことができるようになる、ということ。〝ひとり〟の時間がさらに充実した自分自身との対話の時間になります。

またもう一つ、さらに重要なことは、先に述べたような、自分で自分を傷つけてしまう悪循環をやめることができることです。

自分の心と対話することに慣れている人であっても——いや、そのような内省的な習慣のついている人であれば、なおさらのこと——いったん、自分で自分を批判し始めると、とめどない悪循環に陥って、とまらなくなることがあります。内省的な人に、痛ましいまでの自己嫌悪の人は少なくありません。

けれどこういう人は、ほんとうの意味で充実した内省の仕方を知らないから、こうなるのだと考えることもできます。

フォーカシングを学ぶことで、このような悪循環を回避することができます。何が自分にとってマイナスにしかならないか、何が自分を傷つけるだけに終わるのか、そのことがよくわかるからです。

その意味では、フォーカシングとは、〝静かで、充実した内省の力〟を磨くトレーニングであると言うこともできるでしょう。

そして、そのような〝充実した内省〟〝充実した自分の心との対話〟をおこなうための最大のコツは、〝自分の心に語りかける〟のをやめて、〝自分の心が語りかけてくるのを待つ〟姿勢を大切にしていくことです。

〝ひとり〟の時間を自分との対話に使っておきながら、結局無益に終わってしまう人、さらに悪いことに、自分を傷つけるだけに終わってしまう人の多くに見られる特徴は、絶えず〝自分の心に語りかける〟習慣がついてしまっている、ということです。

何か悪いことがあっても、〝そんなこと、たいしたことじゃない〟〝小さいことにくよくよするな！〟などと、自分に言い聞かせて、自分を励まそうとする。自分を鼓舞しようとする。

このような〝自分で自分に語りかける〟〝自分で自分に言い聞かせる〟態度を多くの人は、おのずと身につけてしまっています。

もちろん、このような、自分自身に対する叱咤激励が必要な場合も少なくありませんし、それが功を奏することもしばしばあります。

同じ自分に語りかけるのでも〝お前なんか最低〟〝生きている意味なんてない〟と、自分に否定的な言葉を浴びせ続けるのに比べれば、〝わたしって最高！〟〝小さいことなんて気にしない！〟とポジティブな言葉をかけていくほうが、ずっといいのは、言うまでもありません。

最近、自己啓発本で流行りのポジティブ・シンキング（肯定的発想法）の本はどれも、こうした〝自分自身への肯定的な語りかけ〟を奨励するものばかりです。中には、一日一〇分、裸になって、鏡を見ながら「おまえは、最高だ！」「おまえなら、きっとできる！」とポジティブに語りかけていく、という自己洗脳法などもあるようです。

本格的なカウンセリングや心理療法の分野でも、論理療法とか認知行動療法といったアプローチでは、自分が知らず知らずのうちにやっている自分に対する否定的な語りかけ（自動的思考）を肯定的な語りかけに変えるという方法をとっており、神経症やうつ病などの治療に一定の効果をあげているようです。

しかし、このような〝自分自身への語りかけ〟は、それでうまくいっている場合はまだいいものの、うまくいかない場合など、やればやるほど落ち込んでしまう、ということがしばしばあるようです。私など、ひねくれているのか、典型的なそういうタイプで、たとえば日めくりなどでも、あまりに前向きな言葉が書いてあると、「あぁ、とてもついていけない」とさらに落ち込んでしまうのが、関の山です。

といって逆に、ネガティブな言葉を自分に語りかけると落ちつく、というものでももちろんありません。それは、ハッキリ言って悪趣味というものです。

私がおすすめしたいのは――そしてこれが、フォーカシングでも最も大切にするものなのですが――ポジティブな言葉であれ、ネガティブな言葉であれ、自分自身に語りかけるのをやめる、ということ。そして、心にスペース（空間）をつくって、そこで逆に、自分の心のほうが自分に語りかけてくるのを〝待つ〟こと。そして何かメッセージが出てきたら、その一つひとつを〝受け止める〟ということ。そこで出てくるものは、その内容がポジティブであれネガティブであれ何であれ、それにかかわりなく、すべて〝認める〟ということ。

この〝すべて認める〟〝待つ〟〝聴く〟〝受け止める〟という姿勢で、自分の心のほうから発せられてくる声とかかわっていくこと。

この姿勢が、充実した自分自身との対話をおこなっていく上で、最も大切なことだと思うのです。逆に、〝ちょっとした違和感〟や〝大丈夫かな、という不安〟が生じてきたときに、それを気にしないようにするのは、フォーカシングの側から見ると、自分にとって気づく必要のある大切なものをごみ箱に捨ててしまうような、粗末な生き方です。

からだとも心ともつかない漠然とした違和感、まるですぐに穴の中にひきこもろうとする恥ずかしがり屋の動物のようにすぐに消えてしまうその〝うちなる自分のかすかな声〟にこそ、私たちの人生を豊かにする大切なメッセージが含まれていることが少なくないからです。

私たちの内側に生じてくる、ちょっとした違和感やざわめき、何かをささやくような声――これらはすべて、何か大切な意味を含んでおり、あなたに何かを語りたがっています。だからこそ、あなたに関心を向けてもらうことを必要としているのです。それは、あなたの人生で、あなたが気づく必要のある大切なメッセージをあなたに運んできてくれているのです。

これを人生の宝物として、感謝し、受け入れ、耳を傾けていく姿勢。

それが、私たちが充実した〝ひとり〟の時間をすごすために必要なものなのです。

第六章　自分を生きること、運命を生きること

〝自分〟を生きることの困難

この本で、これまで私が説いてきた〝孤独であるためのレッスン〟。

それは、言葉を変えて言うと、〝どんな境遇にあっても、自分らしく生きていくためのレッスン〟でもあります。

私が、私を生きる。「あぁ、これが〝自分〟なんだ」と実感できる。そんな〝自分〟を生きていくには、どうすればいいいか。

どこにでもいる交換可能な私としてではなく、「これが〝私〟だ」と実感できる〝私〟として、生きていくには、どうすればいいいか。

そのプリンシプル（原則）をこれまで、説いてきたのです。

それをあえて、〝充実した孤独〟を生きるための原則として、説いてきたわけです。

なぜならば、この日本という国で〝自分〟を生きていくことは、ことほどさように難しい。

その象徴が、私のフィールド（現場）である学校という場で、社会の変化に応じて〝個〟を大切

にする教育を文部科学省がいくら繰り返し説いても、単なる抽象的な理念やお題目で終わってしまいがち。〝自分〟を生きる、個性を大切にする、と言いながら、学校現場では、〝みんな仲良く〟がどこまでも大切にされてしまうのです。

学校に行かなかったり、行けなかったりする不登校の子どもたちがこれほど増えているのも、根本的には、学校という場では〝自分〟を生きることがまったく尊重されないことを肌で感じ取った繊細な子どもたちによる〝からだごとの異議申し立て〟であるのに、いつまでたっても、それにまったく応じようとしない。このままいけば、クラスの半分の子どもが不登校になる日もそう遠くはないし、そうなってもまったく不思議ではない、というのが、私の率直な実感です。

つまり、日本という国は、そろそろ本気で〝自分〟を生きること、個を生きることの価値を大切にしなくてはサバイバルできなくなっている。このことをストレートに問題として体現している現場が、学校という場なのです。

といってももちろん、学校だけで、こうした現象が生じているわけではありません。

第一章で紹介したOLたちの〝ランチメイト症候群〟などは、今やこうした日本の学校文化が企業の若い世代にまで浸透し、企業の人間関係の学校化が進みつつある、という危険な事態を象徴しているかのようです。

日本特有のムラ文化、〝みんな仲良し〟を何より大切にし、〝仲間〟から外されないために〝自分〟を押し殺して生きる、というピアプレッシャー（同調圧力）優勢の文化は、まだまだ根強い。

それどころか、学校、特に中学校を起点として、ますますその勢いを強めているかのようにさえ見えます。

そんな中で、〝自分〟を生きる、私は〝私〟として生きる、というのは、並大抵のことではありません。

特に若い世代にとってはそうで、そうした生き方を始めるスタート地点では、「私は、みんなに嫌われてもかまわない」という覚悟、思い切りが必要になってきます。

それくらいの覚悟がないと、〝自分〟を生きていけない状況にあるのです。

つまり、今の日本で〝自分〟を生きるには、孤独であることの勇気、孤独であってもかまわない、という覚悟と決断を必要とするのです。

私が、〝孤独〟という言葉を、ポジティブな意味で見直そう、とこの本で提言したのもそういう前提に立ってのことなのです。

〝自分〟を生き始めたときに

私は、ひとりでかまわない。みんなから嫌われても、見捨てられてもかまわないから、自分の人生を生きていきたい。

そう決めて、ひとりでいることをし始めた人は、最初、さわやかな爽快感が訪れるのを感じることでしょう。何かを投げ捨てたときの、あの、自由になれた感覚。余計なものを全部脱ぎ捨てて、からだが軽くなっていくような感覚がじわーっと広がっていくはずです。

「何だ。こんなに気持ちがいいのなら、さっさとこうしておくんだった。私はどうして人間関係のしがらみなんて、余計なものに捕らわれてしまっていたんだろう」

そんな、晴々とした気持ちになっていくはずです。

けれど、大切なのは、そのあとです。

私がカウンセリングで出会う多くの人は、人間関係の輪から離れたことを後悔し始めます。そして間もなく、また別の人間関係のしがらみへと戻っていく。相互に絡み合った人間関係の網の目へと吸収されていき、その中で、再び〝自分〟を失ってしまうのです。心の奥で、何かがおかしい、と感じつつも、それをごまかしながら。

中には、ひとりになったことを後悔しながらも、人間関係の輪に戻ることができない人もいます。

「やっぱり、ひとりでいるのは、さみしいし、つらい。でも、自分から離れていった手前、もとに戻っていくことはできないし……。こんな私、もう、誰からもつきあってもらうことができないかもしれない。私なんて、そんな、価値のない人間でしかないのかもしれない……」

そんなふうに思い、自分のことを否定し、自分で自分を痛めつけ始めるのです。自己嫌悪に取り憑かれ、ひとりの自分、結局孤独でしかいられない自分を責め続けます。その結果、リストカットなどの自傷行為をおこない始める若者も少なくありません。拒食・過食などの症状を呈して、自分のからだごと、自分を否定し、追い詰めていくのです。

四〇代、五〇代の方でも、環境が変わり、それまで多くの人に囲まれていた職場からひとりで淡々と作業に取り組む職場に移ると、それだけで、大きな喪失感にみまわれ、うつ状態に陥っていく方が少なくありません。生きるエネルギーを枯渇させ、やる気を失い、場合によっては立ち上がる気力さえなくなってしまいます。

つまり、せっかくひとりでいることを決意し、いったんは人間関係のしがらみから解き放たれ、爽快感を得ていながら、多くの人は、ひとりでいることのさみしさに耐えられず、再び人間関係のしがらみに舞い戻って自己喪失状態に陥るか、そうでなければ、ひとりでしかいられない自分を否定し、自己嫌悪の状態に陥って自分と他人とを責め続けてしまうのです。

では、このような状態にならないためには、どうすればいいのでしょうか。

そこにとどまり続けると、見えてくるもの

最も肝心なのは、ひとりでいる自分を決して否定しないことです。人間関係のしがらみに捕られず、自分の人生を生きることを選んだ。そんな自分をそのまま受け入れ、認めて、肯定的に捕らえることです。

そしてもう一つは、ひとりでいることが、多少つらかったり、さみしかったとしても、すぐにもとに戻ろうとはせず、しばらくじっと、そこにとどまることです。

これまでいつも多くの人間関係に囲まれて生きてきて、それに慣れっこになってしまっていると、なかなかその価値観から脱け出ることができません。それを物差しにして、今の自分を捕らえてしまいます。

すると、ひとりでいることを決意し、いったんは人間関係のしがらみから脱け出た爽快感を感じていたとしても、古い価値観がすぐ首をもたげてきて「やっぱり、ひとりでいることはおかしいのでは」と自分を疑い、しがらみの中へと戻っていくのです。

ひとりでいると、すべてのことを自分の実感で判断しなくてはなりません。しかし、自分ひとりで判断するのは不安です。〝みんないっしょに〟考えていれば、大丈夫。そんな感覚が私たち日本人には根強く、その不安を解消するためにも、すぐに人間関係のしがらみへと戻っていってしまうのです。

しかし、そうすると、ひとりでいることのほんとうの大切さがわからないまま、やり過ごしてしまうことになります。

大切なのは、多少、不安になったり、つらさやさみしさが襲ってきたとしても、そこから逃げ出さないこと。しばらく、じっと、そこにいること。そこに、とどまり続けることです。

孤独であることの不安やさみしさに耐え、じっとそこにとどまっていると、次第に、孤独であることの新たな意義が見えてきます。新しい感覚が生まれてきます。

そのとき生じるいくつかの変化は、たとえば、次のようなものです。

まず第一に、それまで無視したり、ないがしろにしてきたりした、自分自身の心の声が聞こえてきます。自分の奥のほうから発せられてくる小さな声に、その声のためのじゅうぶんなスペース（空間）を提供することで、それみずからが語り始めるのに耳を傾けることができるのです。

そのとき、あなたは気づくはずです。あなたが耳を傾けるべき真の相手、ほんとうの対話の相手は、ほかの誰でもない、あなたの心の奥から発せられてくる、あなた自身の心の声であった、ということに。

それまで自分がどれほど、自分自身の心の声に耳を貸してこなかったか。そのことに改めて気づき、驚くはずです。

第二にあなたは、あなたと同じように、ひとりでいることに価値を見いだし、自分自身の心の奥から発せられてくる声に耳を傾けている、その声に従って生きている、そんな仲間と出会い、彼ら彼女らと深いつながりを見いだすはずです。

それまであなたが気にしていた人間関係のしがらみに縛られ、お互いの批判や恐怖におののいている、そんな薄っぺらなつながりとは確実に異なる、深い、深い、たしかなつながりをあなたはそこに見いだすはずです。「こんなに楽で、安心できて、しっかりとつながっているのを実感できる。そんな人と人とのつながりというのを私は、はじめて知った」――あなたの心は、そんな喜びに満たされるはずです。

そして第三に――あなたがそのようにして、あなた自身の心の声に従って生き、また、あなたと同じようにあなた自身の心の声に従って生きている人々とのつながりをたしかなものにするとき

——あなたは自分が、単に自分自身の心の声に従って生きているだけではなく、あなたを超えたところからあなたに届けられている〝何らかの声〟に従って生きてもいるのだということに、気づいていくでしょう。

あなたを超えた〝見えない世界〟から、あなたに届けられてくる〝人生の呼び声〟とも言うべきものに、あなたの人生は導かれ、それに従って生き始めている、ということにあなたは気づき始めるはずです。

あなたが、あなた自身の心の声に、深く深く耳を傾けていくとき、そのことと、あなたに小さな声で語りかけてくる運命のささやき声に耳を傾けていくこととが、実は一つであり同じことであることが、次第に実感されてくることでしょう。

自分を生きること、運命を生きること

ここで、〝運命〟などという言葉が出てきて、ギョッとされた方もいたでしょう。

これまでこの本では、ひとりになること、ひとりになって自分自身の心の声に耳を傾けながら生きていくことの大切さを説いていたはずなのに、〝運命〟という、一見まったく逆さの人生に対する姿勢を表す言葉が登場してきて、驚かれた方もいるはずです。

しかし、ここで私がこの言葉で表現したいのは、自分自身に自信がないから、自分で考えるのはやめにした、自分を放棄して運任せで生きる、そんな生き方のことではもちろんありません。自分

では自分がどう生きたらいいのかわからないから、いつも星占いやら手相占いやらに行ってアドバイスを受け取っては、それに従っていく。そんな生き方でもありません。

そうではなく、自分の心の声に深く深く耳を傾け、心の奥から発せられる欲求に従って生きていくことが、どこか、自分を超えた世界からの誘いに従って生きていくことと一つであると感じられる、そんな生き方のこと。自分の心の声に従う、という姿勢を徹底的に深めていくとき、はじめて体感される生き方のことです。

この両者の区別をどうつけるか。

私の専門のトランスパーソナル心理学という心理学の新しいアプローチでは、この両者を①プレパーソナル（個の確立以前）と②トランスパーソナル（個の確立後、それを超える）という二つの概念によって区別しています。

プレパーソナルとは、自分自身を持たず、個を確立できていないままの状態の個人が、他者や、集団や、占いなどに依存して、それに任せて生きていく状態のこと。自分で考えることの苦手な、日本人の大半が陥りがちな状態です。判断を人に任せればいいという意味ではとても楽ですが、自分がないので深いところではむなしさや生きづらさを感じています。

このプレパーソナル（個の確立以前）な状態を脱して、人間関係のしがらみを断ち切り、ひとりになることを決意した人間が、そこではじめて確立するのがパーソナルな状態。自分をしっかり持ち、自分で自分の人生を生きている、という実感の持てる生き方。いわゆる自己実現した生き方で、本書では、この生き方の実現に焦点を当ててきました。

しかし、そのようにして、自分らしく生きること、自分の心の声に耳を傾けながら生きていくことを覚えた人が、そうした生き方をさらに突き詰め徹底していくとき、そこではじめて実現される生き方が、トランスパーソナルな生き方。単に自分を生きる、というのではない。自分を深く生きる、自分自身の魂の声に従って生きていくということが、直ちに同時に、自分を超えた世界からの誘い、その導きの声に従って生きていくこととイコールであるような生き方のことです。そうした生き方がこの段階に至ってはじめて実現されるのです。

もう少し平たい表現を使えば、こう言ってもいいでしょうか。

自分に自信がなく、自分を持っていない人が運任せで生きる。自分を放棄して運命に流され、自分の不幸を他人や運命のせいにして、他の人や運命を呪いながら生きる。そんな生き方は〝宿命論的な生き方〟である。

一方、自分の心の声に従って生きる、という生き方を徹底した結果、それが、運命の呼び声に従って生きることとぴったり重なるような実感を持って生きる。そんな生き方とは、見えない世界からの呼び声（コーリング）、つまり、〝自分の人生に与えられた使命（召命）〟を生きることが自分らしく生きることとぴったり一致するような生き方のことである、と。

他者や世間とのしがらみを断ち切り、ひとり（孤独）であることを決意して、自分自身として生きていこうとするとき——自分の心の奥から発せられてくる小さな小さな声（なおかそけき声）に耳を傾けながら生きていく、そんな生き方をひたすら突き詰めていくとき――そのとき同時に、その声は、私を超えた向こうから発せられてくる〝運命の呼び声〟と重なってきます。そしてその声は、あるときふと、私たち一人ひとりの人生に与えられたほんとうの意味と使命とを告げ知らせてくれるのです。

おわりに

「もしかすると、私は、とてつもなく孤独なのではないか」

そんな気分に、ふと、襲われることは、誰にでもあるだろう。

私にも、ある。というより、実はここのところ、そんなさみしさや空虚感を感じることが少なくない。

今夜も、そうだった。

ある会合が夜遅くまであり、東京から千葉行きの快速電車に乗れたのが、夜の九時三〇分すぎ。電車に揺られながら窓から外の景色を見ていると、突然ふと、とてつもない孤独感に襲われる。

自分が自分の奥のほうと切断されている。自分の頭（マインド）が、感情（ハート）やからだ（ボディ）とつながっていない感覚、と言ってもいい。

忙しい毎日を走り抜けつつ、とても充実した日々を送っているつもりでいた。

実際、今でも自分ではそのつもりでいるし、周囲からもそう見えているはずだ。

私は心理カウンセラーで、カウンセリングとは言わば、人が自分自身の心の声を再発見していく、そのお手伝いをする仕事だ。もちろん、自分自身の心の声にもじゅうぶんに耳を傾けていたはずだった。

しかしなぜか、事実として、自分という存在の核を置き去りにしたまま、毎日を走り抜けているような感覚が、どうしてもぬぐい去れなくなることがある。

今も、そうだ。

そしていったんこうした感覚を感じ始めると、そのどうしようもない疎外感は、とどまることなく広がっていく。

仕事での仲間や学生たちとも、とても表面的なつきあいしかできていないように感じられてくる。何人かのごく親しい友人や家族とのつながりだって怪しく感じられてきてしまう。

さみしい。とてつもなく、さみしい。

私の魂は、ひとりぽつんと取り残されていて、誰も近づいてきてくれないし、ましてや、触れてはくれない。

誰か、私にさわってほしい。私の魂に触れてほしい。

そんなつらさを紛らわすために、誰でもいいから、からだに触れたい。触れてほしい。できれば、強く抱きしめたい。抱きしめられたい。

そんな、どうしようもなく切ない衝動に襲われることがある。

「こんなとき、実際に抱きあえる人が、今、隣にいたら、どんなにかしあわせだろう」

そうした思いをめぐらせながら、切ない気持ちを紛らわすため、ストレートのウイスキーをそのまま体内に流し込む。それでも酔えない、眠れない。そんな夜は、最悪だ。

私は最近考えるのだが、人間というのは相当に欲張りな生き物だが、その欲張りの中身に目を向けると、自我が欲張りな（計算高い）人と、魂が欲張りな人とがいるように思われる。自我が欲張りなだけなら、出世して名誉を得て金儲けをすればある程度満たされるのであろうが、魂が欲張りな人はたいへんで、ちょっとやそっとのことではなかなか心の底から満たされることがない。満たしたと思っても、すぐにまた心が乾いてしまう。

私の魂は、多分、相当な欲張りだ。ちょっとやそっとでは、満たされはしない。

もともと私の魂は、とても強欲で、さみしがり屋。要求水準が高すぎる。

だから私はカウンセラーとして、自分や他人の心に深く触れてきたし、精神の世界にかかわる著作を書いて、その魂の欲望を満たそうとしてきた。そうすることで、自分の奥深い部分や見えない世界としっかりつながっていようとしてきたのである。

自分の内奥や見えない世界との、しっかりとしたつながりを絶えず感じ続けていないと、私の魂は満たされなくなってしまっている。それが、どうしようもない、さみしさや孤独として現れるのだ。

そんなわけで、孤独をテーマとしたこの本の執筆作業は、私自身の魂を癒す作業ともなった。

というより、私自身の人生の流れが、ちょうど、深く深く孤独になることを必要とする時期にさしかかっていた。だから私は、孤独についての本を書いたのだ。

孤独を癒すことができるのは、人とのつながりではない。

孤独を癒すことのできる、ただ、一つの道。それは、孤独から抜け出すことではなく、より深く、より深く、その孤独を深めていくことだ。

他者とのつながりをきっぱりと断ち切って、自分の孤独を、深さの方向へ、深さの方向へと、深めていくこと。そのことによってしか孤独は癒されず、表面的な人間関係はさらに孤独を強化するだけだ。

もし、孤独を癒すことのできる人間関係がありうるとすれば、それは、その関係の中で、互いがより深く孤独に徹していけるような人間関係、その関係の中で、互いがますます深くひとりになり、自分自身になりきることができるような人間関係でしか、ありえないであろう。

孤独は素晴らしい。

人が真の自分に出会うのも、自分の人生で何がほんとうに大切かを知るのも、すべては孤独において、である。

孤独を深めていける人間同士が出会ってはじめて、深い心のふれあいというのも、可能になるのである。

その意味で、孤独を知らない人間は、人生の味わいをその半分も知らないかわいそうな人間だと断言してしまっていいだろう。

孤独を知らない人生の、何と浅く、薄っぺらなものか。

孤独になる勇気を持つこと。

孤独を楽しむ能力を持つこと。

この二つを備えた人間にしか、これからの時代、ほんとうのしあわせを獲得できはしないはず、である。

諸富祥彦——もろとみ・よしひこ

●1963年福岡県生まれ。筑波大学、同大学院博士課程修了。現在、明治大学文学部教授。教育学博士。日本トランスパーソナル学会会長、日本カウンセリング学会認定カウンセラー会理事、気づきと学びの心理学研究会アウエアネス代表。臨床心理士、公認心理師、カウンセリング心理士などの資格を持つ。

●著書に『カール・ロジャーズ カウンセリングの原点』(角川選書)、『フランクル心理学入門』(角川ソフィア文庫)、『孤独の達人』『生きていくことの意味』(PHP新書)、『あなたのその苦しみには意味がある』(日経プレミアシリーズ)、『あなたがこの世に生まれてきた意味』(角川SSC新書)、『人生を半分あきらめて生きる』(幻冬舎新書)、『魂のミッション』(こう書房)、『NHK「100分de名著」ブックス フランクル 夜と霧』(NHK出版)、『人生に意味はあるか』『〈むなしさ〉の心理学』『トランスパーソナル心理学入門』(以上、講談社現代新書)、『カール・ロジャーズ入門』(星雲社)ほか、多数。

●本書で紹介した心理学を体験的に学習する研修会は次のホームページ参照。https://morotomi.net/

NHKブックス [927]

孤独であるためのレッスン

2001年10月30日　第1刷発行
2021年11月15日　第23刷発行

著　者　諸富祥彦
発行者　土井成紀
発行所　NHK出版
東京都渋谷区宇田川町41-1　郵便番号 150-8081
電話　0570-009-321(問い合わせ)　0570-000-321(注文)
ホームページ　https://www.nhk-book.co.jp
振替 00110-1-49701
[印刷] 太平印刷社 [製本] 三森製本所 [装幀] 倉田明典

落丁本・乱丁本はお取り替えいたします。
定価はカバーに表示してあります。
ISBN978-4-14-001927-6 C1311

NHK BOOKS

*教育・心理・福祉

不登校という生き方―教育の多様化と子どもの権利― 奥地圭子
身体感覚を取り戻す―腰・ハラ文化の再生― 斎藤 孝
子どもに伝えたい〈三つの力〉―生きる力を鍛える― 斎藤 孝
フロイト―その自我の軌跡― 小此木啓吾
孤独であるためのレッスン 諸富祥彦
内臓が生みだす心 西原克成
母は娘の人生を支配する―なぜ「母殺し」は難しいのか― 斎藤 環
福祉の思想 糸賀一雄
アドラー 人生を生き抜く心理学 岸見一郎
「人間国家」への改革―参加保障型の福祉社会をつくる― 神野直彦

*社会

嗤う日本の「ナショナリズム」 北田暁大
社会学入門―〈多元化する時代〉をどう捉えるか― 稲葉振一郎
ウェブ社会の思想―〈遍在する私〉をどう生きるか― 鈴木謙介
新版 データで読む家族問題 湯沢雍彦／宮本みち子
現代日本の転機―「自由」と「安定」のジレンマ― 高原基彰
議論のルール 福沢一吉
「韓流」と「日流」―文化から読み解く日韓新時代― クォン・ヨンソク
希望論―2010年代の文化と社会― 宇野常寛・濱野智史
ITが守る、ITを守る―天災・人災と情報技術― 坂井修一
団地の空間政治学 原 武史
図説 日本のメディア［新版］―伝統メディアはネットでどう変わるか― 藤竹 暁／竹下俊郎
ウェブ社会のゆくえ―〈多孔化〉した現実のなかで― 鈴木謙介
情報社会の情念―クリエイティブの条件を問う― 黒瀬陽平
未来をつくる権利―社会問題を読み解く6つの講義― 荻上チキ
新東京風景論―箱化する都市、衰退する街― 三浦 展
日本人の行動パターン ルース・ベネディクト
「就活」と日本社会―平等幻想を超えて― 常見陽平
現代日本人の意識構造［第九版］ NHK放送文化研究所 編

※在庫品切れの際はご容赦下さい。

NHK BOOKS

＊宗教・哲学・思想

※在庫品切れの際はご容赦下さい。

NHK BOOKS

*文学・古典・言語・芸術

日本語の特質　金田一春彦
言語を生みだす本能(上)(下)　スティーブン・ピンカー
思考する言語―「ことばの意味」から人間性に迫る―(上)(中)(下)　スティーブン・ピンカー
小説入門のための高校入試国語　石原千秋
評論入門のための高校入試国語　石原千秋
ドストエフスキイ―その生涯と作品―　埴谷雄高
ドストエフスキー　父殺しの文学(上)(下)　亀山郁夫
英語の感覚・日本語の感覚―〈ことばの意味〉のしくみ―　池上嘉彦
英語の発想・日本語の発想　外山滋比古
英文法をこわす―感覚による再構築―　大西泰斗
絵画を読む―イコノロジー入門―　若桑みどり
フェルメールの世界―17世紀オランダ風俗画家の軌跡―　小林頼子
子供とカップルの美術史―中世から18世紀へ―　森　洋子
形の美とは何か　三井秀樹
刺青とヌードの美術史―江戸から近代へ―　宮下規久朗
オペラ・シンドローム―愛と死の饗宴―　島田雅彦
伝える！　作文の練習問題　野内良三
新版　論文の教室―レポートから卒論まで―　戸田山和久
宮崎駿論―神々と子どもたちの物語―　杉田俊介
万葉集―時代と作品―　木俣　修
西行の風景　桑子敏雄
深読みジェイン・オースティン―恋愛心理を解剖する―　廣野由美子
舞台の上のジャポニスム―演じられた幻想の〈日本女性〉―　馬渕明子
スペイン美術史入門―積層する美と歴史の物語―　大高保二郎ほか
「古今和歌集」の創造力　鈴木宏子

※在庫品切れの際はご容赦下さい。